汉语词类问题

王冬梅　著

学林出版社

图书在版编目(CIP)数据

汉语词类问题/ 王冬梅著. —上海：学林出版社，
2018.3
（语言学热点问题研究丛书）
ISBN 978 - 7 - 5486 - 1335 - 0

Ⅰ.①汉… Ⅱ.①王… Ⅲ.①汉语—词类—研究
Ⅳ.①H146.2

中国版本图书馆 CIP 数据核字(2017)第 294214 号

责任编辑　张予瀄
封面设计　严克勤

上海文化发展基金会图书出版专项基金资助

语言学热点问题研究丛书

汉语词类问题

作者　王冬梅

出　　版	**学林出版社**	
	（200235　上海钦州南路 81 号）	
发　　行	上海人民出版社发行中心	
	（200001　上海福建中路 193 号）	
印　　刷	上海展强印刷有限公司	
开　　本	787×1092　1/32	
印　　张	5.625	
字　　数	10 万	
版　　次	2018 年 3 月第 1 版	
印　　次	2019 年 2 月第 2 次印刷	

ISBN 978 - 7 - 5486 - 1335 - 0/H・102
定　　价　28.00 元

总　序

沈家煊

这一套丛书的缘起，是出于这样的考虑：长期以来，在语言学领域，我们不断学习和借鉴来自国外（主要是西方）的理论和方法，有成效，在某些方面成效还很显著，但是总的来说，还是觉得运用在汉语上不免捉襟见肘、圆凿方枘，至少勉强不自然。启功先生曾有一个比方，说小孩套圈游戏，小圈圈只能套小老鼠，印欧语"葛郎玛"（grammar）是小圈圈，套不了汉语这只大熊猫。这种感觉突出反映在一些有争议的热点问题上。有的曾经是热点，如词类问题、单句复句问题，冷寂了一段时间，但是问题并没有解决，还时时冒出来困扰着我们；有的是国外出了新的理论，用来处理汉语而形成新的争论点，比如句法成分的移位问题，音步和韵律的问题。之所以成为新的争论热点，显然也是因为新搬用的理论用起来不顺畅、不协调的地方很多。有的问题，例如主语和宾语的问题，曾经是热点，后来问题基本解决，取得共识，而新的问题又出来了，如主语和话题继而成为一个不断争论的问题。值得注意的是，主宾语的问题得以基本解决、取得共识，这是摆脱印欧语那种主宾语观念的结果。

国外的理论在不断的翻新，出来一个我们跟进一个，有时候人家已经翻新了，声明放弃原来的理论框架，我们还在吭哧吭哧按照人家那个老框架在思考和行事，有不知所措的感觉。许多人觉得这样下去总不是个事儿，想要改变现状。但也有不少人以重视和彰显语言的"共性"为理由，想维持现状，其实他们所说的"共性"是以人家提出的那一套理论为参照的，却忽略或者无视汉语的个性。共性寓于个性之中，没有语言的个性哪来语言的共性呢？近年来，国际语言学界逐渐形成一个认识，要弄清人类语言的本质，先要充分了解语言的多样性。我的同道朋友朱晓农君说，universals（共性）应该音义兼顾翻译成"有你我式"，你中有我我中有你，不是只有你没有我，对此我十分赞同。据我所知，国外很多学者也不希望我们只是跟着他们走，而是想听到基于本土语言事实提出的新见解，发出的新声音，使他们也能从中得到启发。

一百多年西学东渐，语言学领域学习和借鉴西方的努力一直没有停息，另一方面，摆脱印欧语传统观念的束缚的努力也一直没有停息。我们的前辈早已为我们指明了方向，要进一步摆脱印欧语传统观念的束缚。正如朱德熙先生生前所言，很大一部分的争论问题是由于受这种观念的影响，先入为主，以致看不清汉语语法的本来面目引起的，要是我们能摆脱这种干扰，用朴素的眼光看汉语，有许多争论本来是不会发生的。还说后之视今犹今之视昔，今天可能还在不知不觉中受传统观念的摆布，那就要等后人来纠正了。朱先生给我们留下的学术遗产中，有一个十分重要的观点，汉语的动词做主宾语的时候没有印欧语的那种"名词化"，这是摆脱干扰的一次实践，为我们树立了一个榜样。吕叔湘先生跟朱德熙先生的想法一致，在晚年向我们发出语法研究要"大破特破"的号召，要把"词""动词""形容词""主语""宾语"等名称暂时抛弃，要敢于触动一些原先不敢动他一动的条条框框。

吕先生和朱先生虽然是针对语法研究而言，为我们指出的方向却是适用于整个汉语的研究。汉语的语法是"大语法"，语言的组织运行之法，包括语音、语义和用法在内，过去按"小语法"来理解汉语的语法，这本身就是受印欧语传统观念的影响。

策划这套丛书的出发点就是响应"摆脱干扰、大破特破"的呼吁。近年来这方面的努力比较显著，有了一些新的进展，有必要做个小结，理清思路，明确方向，继续前进。这套丛书因此也可以叫"破立丛书"，每一册就某个具体的热点问题，先对以往的研究加以梳理和评析，指出破除传统观念、摆脱干扰的必要性，然后摆出新的观点并加以论证，目的是让读者明了问题的来龙去脉、症结所在，活泼思想，减少执着。这个设想有幸得到学林出版社的支持，使得想法得以实现。虽说"破字当头，立在其中"，但要真正立起来，不是件轻而易举的事情，还有艰苦的工作要做，目前书中摆出的新观点、新思想还大有充实完善的必要，甚至有修正取代的可能。

策划这套书还有一个出发点是写法，虽然讨论的是复杂的学术问题，但还是要写得浅显一点，通俗一点，尽量少用难懂的名称术语，篇幅简短一些，一个问题一个小册子，不让一般读者觉得深奥繁复，不得要领，望而生畏。当然要做到这一点实属不易，目前的面目还大有改进的余地。

我们希望这套丛书不仅对专门从事语言研究的人，不管是老将还是刚入门的新手，对广大的语言教师，包括外语和母语的教学，都有一定的启发和帮助，而且希望那些对语言问题感兴趣的朋友，那些在语言工程、信息处理、语言心理、语言哲学、社会语言学等领域的人士也能从中获得一些知识，得到一些启示。

2017 年 12 月 12 日

目　录

绪　论

　　词类问题是语法研究的核心问题，动词和名词则是词类研究中最重要的部分，对二者及其关系的看法，直接影响着研究者对语法研究中的许多重要问题的认识，如名词的界定问题、兼类问题、遵守扩展规约问题、主谓结构的性质问题等，进而影响着研究者对整个汉语语法体系的构建。

　　汉语语法学正式成为一门独立的学科，是从 1898 年《马氏文通》刊行开始的。① 《马氏文通》之前的词类研究，主要是对虚词进行诠释和说明，如唐代卢以纬所著《语助辞》、刘淇所著《助字辨略》、王引之所著

---

① 《马氏文通》出版之前，西方汉学家已经出版了一些研究汉语语法的著作，如法国马若瑟的《汉语札记》（1728），英国马士曼的《中国言法》（1814），法国儒莲的《汉文指南》（1869—1870）等，德国著名汉学家甲柏连孜的《汉文经纬》（1881）对古代汉语语法的研究更是达到了相当的高度。但我们这里还是把中国人写自己语法的《马氏文通》的出版作为汉语语法学正式成为一门独立学科的标志。

《经传释词》，对古汉语中虚词的认识已经非常深入。而研究的目的，主要是服务于训诂和文学鉴赏，"辞""语助""实字""虚字"等术语虽然已经出现，但并没有清晰的界定，词类研究还没有成为一门系统独立的学问。

《马氏文通》的刊行，使汉语语法学正式成为一门独立的学科。而"讲语法，先要讲词类，因为词类是讲语句结构必不可少的'道具'（或叫'理论构件'），有了这个道具，才方便我们讲语法"（沈家煊 2009）。吕叔湘（1979：32）也指出"划分词类是为了讲语句结构"，"不同类的词或短语在语句结构里有不同的活动方式"。不分词类，是无法讲语法的（吕叔湘 1954）。所以，词类的划分是语法学中非常重要的部分。从《马氏文通》到后来各种语法学著作，都把词类划分当作主体部分进行论述。

《马氏文通》全面深入地揭示了古汉语的语法特点和规律，构建了一个比较完整的语法体系。词类是《马氏文通》语法研究的主体部分，书中把汉语分成实词和虚词两个大类，又分出九个小类，即名字、代字、静字、动字、状字、介字、连字、助字、叹字，这种分类沿用至今。然而，《马氏文通》是以印欧语的语法体系为蓝本的（《马氏文通序》），不可避免地深受印欧语语法的影响。而印欧语和汉语有较大的差别，最突出的一点就是，印欧语有形态标志，词类和句法成分基本上是一一对应的，而汉语没有形态标志，词类和句法成分也不是简单地一一对应的（朱德熙 1985a：4）。所以用印欧语的语法体系来研究汉语，不可避免地带来一些问题。为了解决相关问题，马氏也从汉语自身的特点出发做了一些变通，如汉语没有形态标志，不能根据形态划分词类，马氏的词类划分主要以意义为标准。然而，由于意义本身不好把握，这种词类划分方法招致了后来研究者的批评（朱德熙、卢甲文、马真 1961）。另外，从马氏给词类的命名来看，"动字"（动词）是与"静字"（形容词）相对的，而不与"名字"（名词）相对，这可能是马氏隐约意识到了汉语名词和动词的关系有别于印欧语而刻意为之。遗憾的是，这一很有见地的做法没有得到后来研究者应有的关注。

　　黎锦熙的《新著国语文法》出版于 1924 年，是研究现代汉语语法系统的开山之作，"在二十年代讲现代汉语语法的著作中，影响最大"（朱德熙 1980）。该书确立并阐明了一些基本概念，如字、词、短语、子句、分句、单句、复句，以及六大句子成分等，并构建了句本位语法系统。其词类观是这样的："凡词，依句辨品，离句无品。"即根据词在句子中的功能来判定词类，如果离开句子成分就无法确定词类，这样就陷入了汉语实际上没有词类的陷阱中。这是语法学界多年来对《新著国语文法》进行批评的主要方面。

此后，20 世纪 30 年代末到 40 年代初，以陈望道、方光焘等人为主导，进行了一场以词类区分问题为重点的"文法革新讨论"。20 世纪 50 年代，《中国语文》编辑部又组织了一次汉语词类问题大讨论。经过这两次讨论，虽然词类研究的问题并没有得到彻底解决，但是相关研究大大深化了。20 世纪 80 年代，结构主义语言学深入人心，语法研究空前繁荣，以朱德熙、吕叔湘等人的相关著作为代表的词类研究，达到了前所未有的高度，词类划分的意义标准基本上被放弃，功能分布标准得到大家的一致认可。①20 世纪 90 年代开始，认知语法学在中国受到关注，进一步推动了词类问题的研究。

然而，经过一百多年的努力，虽然研究者对语言事实的发掘越来越细致，研究也越来越深入，但词类研究中的很多根本性问题一直困扰着研究者，无法得到很好的解决。朱德熙（1985a：iii）在提到汉语里很多长期争论不休的问题时说："这些争论里有很大一部分是由于受了印欧语传统语法观念的影响以致看不清汉语语

---

① 吕叔湘认为划分词类的时候"主要依靠句法功能"（1979：33）；处理词性转变问题时，"语义变化可以作为参考"（1979：46）。

法的本来面目引起的。"吕叔湘（2002）在《语法研究中的破与立》中也明确指出，汉语语法研究要"大破特破"，敢于触动一些条条框框，甚至要把西方语法的基本术语"暂时抛弃"，其中就包括"动词""形容词"。那么，汉语词类研究中出现的很多问题，是否原因也在于汉语的词类体系还是没有彻底摆脱印欧语的影响，所以用来讲汉语语法总是显得"圆凿方枘，扞格难通"呢？

2007 年开始，沈家煊陆续发表了一系列文章，对汉语的词类格局提出了一种全新的"名动包含"模式，即名词和动词是包含关系，名词包含动词，动词是名词的一个次类，并以此为出发点，重新审视了语法研究中的若干问题。和此前比照印欧语建立的"名动分立"模式相比，"名动包含"格局消除了语法体系的不自洽和不简洁问题，为语法研究开启了一个值得重视的新的研究范式，带来了一些研究上的突破。

本书就以"名动包含"格局为出发点，对汉语词类研究中的相关问题进行梳理。首先说明汉语词类研究是个老大难问题，在理论和应用上都存在不能解决的问题；然后介绍"名动包含"模式的要义，指出包含模式对前人的继承和突破之处，以及研究方法方面的特点、对普通语言学研究的贡献，并在此基础上，论述"名动包含"格局的哲学基础；最后从包含模式的视角对词类研究中争议较大的几个问题进行梳理辨析。本书除了对词类问题进行梳理辨析外，更希望以此为例，说明汉语语法研究只有摆脱印欧语眼光、从汉语事实出发才能取得突破性进展。

1　词类是个老大难问题

现代汉语语法研究中，词类一直是个老大难问题，既存在着理论上的不自洽和过于复杂等问题，也面临着应用方面的困难。

1.1　理论上的不自洽和过于复杂

语法体系以自洽和简洁为最高准则。自洽是指不能自相矛盾，不能循环论证；简洁就是不要过分复杂，能简就简，即覆盖同样多的语言事实，一个范畴够了就不需要两个，一条规则够了就不需要两条，一个假设够了就不需要两个，一个分析层次够了就不需要两层（沈家煊 2016：9）。朱德熙（1985a：77）也说，当我们评价一种理论或系统的时候，"简明性跟严谨性一样，都是很重要的标准"。然而，传统的现代汉语语法体系恰恰存在着理论上的不自洽和过于复杂等问题，主要包括下面几个方面。

1.1.1　违反中心扩展规约

关于主宾语位置上的动词和形容词的性质，传统的语法分析有两种不同的观点。一种观点认为动词向名词方向转化了。如《马氏文通》（1898）的"词类假借"说，黎锦熙、刘世儒（1959）的"转成名词"说，陈承泽（1922）、王力（1943）、谭全（1978）、张静（1987）等人的"词类活用"说，吕叔湘、朱德熙（1952）的"变性"说，以及 20 世纪 50 年代出现的"名物化"说（《暂拟汉语教学语法系统》1956）等。说法虽然不同，但基本观点是一致的，即认为主宾语位置上的动词具有了名词的性质。[①]名物化说影响最大，可作为这类观点的代表。另一种观点认为主宾语位置上的动词仍然是动词，以朱德熙、卢甲文、马真（1961）为代表，对名物化说进行了全面的彻底的批判。他们指出汉语词类和句法成分不是一一对应的，名词除了做主宾语以外还可以做定语，动词除了做谓语外还可以做主宾语，形容词既可以做定语又可以做谓语，这是汉语与词类和句子成分严格对应的印欧语的区别所在。

名物化说违反了语法分析的简单原则（principle of

---

① 关于主宾语位置上动词的特点，沈家煊（1999）《不对称和标记论》第 274—282 页有详细论述。

simplicity），即不要增加不必要的步骤和名目。吕叔湘（1979：46）说，凡是在相同条件下，同类的词都可以这样用的，不算词类转变。既然汉语里几乎所有的动词都可以出现在主宾语位置，那就只需将这一特性归为动词本身的特性，说动词变为名词完全是多此一举。另外，按照简单原则，可以立一套名目就不要立两套。用句法成分功能来给词定类，词类和句法成分一一对应，那就不需要两套名目，一套就够了。

"词类不变"说虽然符合简单原则，但是又违反了中心扩展规约（head feature extension）。中心扩展规约简称"扩展规约"，也即向心结构理论，指的是以一个成分为中心加以扩展，扩展后的结构的语法性质跟中心成分的语法性质一致。词类不变说的核心是，动词和形容词受定语修饰做主宾语的时候，自身的性质并没有发生变化，但是整个结构是名词性的。如"这本书的出版"中"出版"仍然是动词，但整个结构是名词性的。这样，就违反了语法结构的中心扩展规约。（施关淦 1981）

有人说这是"扩展规约"在"作祟"，布龙菲尔德的向心结构观本身就有问题（司富珍 2006，陈国华 2009）。但是黄和斌（2014）分析指出，他们的那些质疑其实都是对布氏向心结构观的误读。也有人说向心结构理论对汉语不完全适用，"不能盲目照搬"（方光焘

1997：261）。朱德熙（1985b）还有其他人（陆丙甫 1985，金立鑫 1987，项梦冰 1991 等）曾试图对向心结构的定义加以修正，想使修正后的定义适用于汉语，但是这些修正还都不能令人满意（参看施关淦 1988，吴长安 2006）。

上述讨论都是基于"出版"是"这本书的出版"的中心而进行的，都没有解决问题。于是，一些生成语法的学者（程工 1999；司富珍 2002，2004；熊仲儒 2005）从另一个角度切入，试图通过修正"N 的 V"的核心来解决矛盾。主要观点是，根据 Abney（1987）提出的 DP 假说（传统分析中的名词短语实际上是限定词（determiner）的最大投射），把"N 的 V"结构分析为"限定名词短语"（DP），将其中的"的"分析为这个短语的中心成分 D，D 具有 [+N] 特征，决定着整个 DP 短语的名词性。这种分析法的问题是，对汉语而言，把"的出版"跟"出版了"一样看作一个直接成分，严重违背人们的语感，从韵律、语义、结构上看，"的"都应该跟前边的成分结合构成一个直接成分。就连其他从事生成语法研究的人（李艳惠 2008，石定栩 2008，邓思颖 2006 等）也在语感上不予认同。周国光（2005，2006），吴长安（2006），潘海华、陆烁（2013）对这种分析法的种种问题做了全面检讨。周韧（2012）则指出，以"的"为中心的主要问题是，删去中心后，剩下的部分应该和原来整个结构的句法和语义功能相异，然而"木头的房子"和"红的花"这两种最常见的名词短语却不是如此。而且，这种分析法的前提是承认 DP 中"出版"的节点是名词 N，就要证明"出版"名词化了（熊仲儒 2005），显然又违背了简单原则。

也有人认为"N 的 V"结构是在主谓结构 NV 中插入"的"构成的，把"的"分析成具有〔+N〕特征的中心（陆俭明 2003），或"自指的名词化标记"（袁毓林 2010b）。这样的分析倒是不存在"出版"的名词化问题，但是要把一个统一的"的"分裂为两个：一个是"木头的房子"的"的"（朱德熙界定的"的₃"），一个是"这本书的出版"的"的"。这既不符合简单原则，又带来更多新的难以解决的问题。（沈家煊 2016：68—69）首先，同一段话中"N 的 V"和 NV 都出现在主宾语位置上，该如何分析：

> **美国的介入**是肯定的。无非是硬介入还是软介入，以及介入力度大小的问题。……所以**美国介入**是有条件的……

> （转引自完权 2010b）

如果说"美国的介入"的中心是"的",那么"美国介入"的中心是"介入"呢,还是隐含了的"的"? 前一种观点,等于说这两个短语有不同的中心,显然无助于我们对语句的理解;后一种观点,等于说"图书出版、问题研究、哲学思考"等都可以说是隐含了一个"的",这跟说动词做主宾语的时候隐含一个名词化标记没有什么不同。其次,中间加"的"、后头是动词的结构不限于原先是主谓结构的,还有大量其他的结构,例如:

面向基层的扶贫帮困应该持续下去。

大家对于名物化理论的批评都很中肯。

报纸上说的坐航天飞机旅行目前还无法实现。

(石定栩 2008)

这些加粗的结构去掉"的"后都难以或无法还原成主谓结构,因此用主谓结构插入"的"来解释只适用于一部分情形。①还有些主谓结构如"这本书出版了"不能插入中心"的"变为"这本书的出版了"。对此,如果解释说"这本书出版"是词组而"这本书出版了"是句

---

① 袁毓林(2010b)用添补"潜主语"和"潜宾语"的办法来解释,带有任意性,而且很复杂。

子，这就又忽视了汉语句子和词组的构造原则基本一致
这个重要事实。再次，插入"的"和不插入"的"意
思会有差别，例如：

　　　　a. 你没有他的勤奋。b. 你没有他勤奋。

a 句可以有"你不勤奋"的意思，而 b 句只有"你不如
他勤奋"的意思。这表明"他的勤奋"不是简单地在主
谓结构"他勤奋"之间插入"的"。

　　可见，各种尝试都没有解决违反"扩展规约"的问
题。而违反"扩展规约"会破坏语言的递归性，后果很
严重，因为递归性是人类语言区别于动物讯递系统的特
性之一，是人类语言创造性能力的体现。放弃"扩展规
约"就破坏了语言的递归性，也就谈不上人类语言的创
造性。

1.1.2　违反并列规约

　　语法结构的并列规约是说，在非临时活用的场合，
并列的两个成分应该属于同一词类或同一语类。
（Radford 1988：76）例如英语：

　　　　John wrote ［a letter］ and ［a postcard］.
　　　　（名词短语与名词短语并列）

John wrote [to Mary] and [to Fred].

（介词短语与介词短语并列）

* John wrote [a letter] and [to Fred].

（名词短语与介词短语并列）

* John wrote [to Fred] and [a letter].

（介词短语与名词短语并列）

汉语中"N 和 V"做主宾语非常常见，说其中的 V 仍然是动词，显然违背语法结构的并列规约。

袁毓林（2010a）指出，出现在主宾语位置上的"N 和 V"中的 V 都是名动词，这时表现出名词性的一面，所以不违背并列规约。并举例说明：

图书和出版	* 书和出
自考书籍和电子出版	* 自考书籍和马上出版
疾病和治疗	* 病和治
肠胃疾病和食物治疗	* 肠胃疾病和及时治疗
商品和销售	* 货和卖
保健商品和季节销售	* 保健商品和即将销售

袁文认为，右列"出、治、卖"不是名动词，"出版、治疗、销售"受副词修饰表现动词性一面，所以都不能

出现在"N 和 V"中。然而，实际语料中有大量的 N 和 V 并列结构，与名词并列的绝不限于名动词，即便是名动词也不是不能受副词修饰（特别是能受"不"修饰）（沈家煊 2016：71）。名词和动词并列如：

> 罪与罚　泪与笑　性与睡　蛇和被抓　裸体与出书　买房与风水　一夜情与做工程　早期教育与看电视　退出和退出状态　瑜伽和慢跑　知情权与不知情　操作策略与及时解盘　社区卫生服务与看病贵　女人挨骂与"浪"女人

名词和形容词并列如：

> 力与美　婚姻与孤独　雨季和懒散　流氓和不仗义　草民和不识相

这些并列结构，有的书面语色彩浓，有的口语色彩重，双音节居多，也不排斥单音节和多音节。可见，N 和 V 并列做主宾语在汉语中是常见现象，没有什么特别之处。当然，翻译成英文的话，V 就得转化成名词。也就是说，"N 和 V"做主宾语时，认为 V 是动词的确违背并列规约。

另外，很多"N 和 V"都能转换成"N 的 V"结构，如：

蛇和被抓　力和美　雨季和懒散　草民和不识相
蛇的被抓　力的美　雨季的懒散　草民的不识相

把"N 和 V"中的 V 看成名动词，"N 的 V"中的 V 看成动词，显然是夸大了两者的差异，把简单的问题搞复杂了。

1.1.3　名词无法从正面定义

名词的界定一直是个悬而未决的问题。朱德熙（1985a）指出，划分词类要根据词的语法特点，也就是仅为此类词所有而其他类词所无的语法性质。这一点基本上得到了语法学界的一致认同。名词的语法性质包括：能够做主语、宾语；能够受定语修饰；能够受数量词修饰。可是正如朱德熙所说："这三条里没有一条称得上是名词的语法特点，因为这些语法功能，动词和形容词也有。"

动词做主宾语和受定语修饰很常见，如"笑比哭好、这本书的出版很不容易"，所以前面两条不是名词的语法特点大家都接受。但是受数量词修饰常常被认为是名词才有的语法特点。甚至连朱德熙，虽然明确指出受数量词修饰是名词和动词共有的特点，但在具体的语法分析中，也会拿受数量词修饰作为判定名词的标准。如在区分定语和状语的时候，确定"这个人是黄头发"里的"黄"是定语，"他弟弟也黄头发"里的"也"是状语，依据就是能否受数量词修饰："黄头发"可以受数量词修饰，如"一根黄头发"，所以是名词性的；"也黄头发"不能受数量词修饰，不能说"一根也黄头发"，所以"也黄头发"是谓词性的。（朱德熙1985：46—48）

事实上，动词跟名词一样可以受数量词修饰。如沈家煊（2016）的例子：

挨了一拳　吓了一跳　三顾茅庐　两学一做
三分赞成七分反对　有两种快
这一次去西藏多亏了你　导演冯小刚三个转身
都很华丽

吕叔湘（1999）举出近代汉语中动词受"（一）个"修饰的大量例子，如：

做个准备　有个下落　觅个自刎　吃亏在一个
聪明好胜　落个人财两空

崔山佳（2013）举出动词受"一件、一段"等修饰的例子：

　　一件虚惊　一件奇异　一段相思　一段娇羞
一番教育　一重怒

动词形容词还经常出现在下面的句式中：

　　来一个不吭声　好一个教书育人　这叫一个
爽　那叫一个棒
　　搞它个水落石出　打得个落花流水　北风那个
吹　瞅他那个胖
　　往床上一躺　吃完了一散　动他个一动　试上
他一试

（沈家煊 2016）

有人说，修饰动词的量词不能是"匹、条、枝"这类专用名量词，所以不能说动词跟名词一样可以受数量词修饰。但是，抽象名词"信心、疑问、仁义、痛感"等也是没有专用名量词的，却没有人怀疑它们具有能受数量词修饰的特点。因此，有没有专用的名量词，并不是一个词能不能受数量词修饰的判断标准。

　　连"受数量词修饰"也不是名词专有的特点，可见，我们的确无法找出为名词独有而其他词所没有的语法特点。这就意味着，我们无法从正面给名词定义。

1.1.4 兼类问题

兼类指一词多类现象，即一个词属于两个或多个类别的情况。兼类说建立在"甲乙分立，小有交叉"的词类观基础之上，交叉的部分也就是兼类词。而且，兼类词应该是少数。可以图示如下：

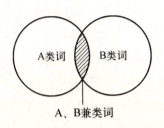

根据朱德熙（1982，1990），兼类词主要包括名词兼处所词，如"学校、邮局"；名词兼量词，如"县、站"；区别词兼副词，如"共同、自动"；动词兼形容词，如"委曲、端正"；动词兼介词，如"在、到"；介词兼连词，如"跟、和"；动词兼名词，即动名词，如"调查、研究"。传统语法研究中，对兼类词的研究主要是在承认兼类存在的基础上，讨论如何确定词的同一性、如何判断兼类词的语法功能标准、控制兼类词的数量等问题（徐枢 1991，陆俭明 1994，胡明扬 1996）。近年来，随着研究的深入，"兼类"说带来的理论上的不自洽等问题逐渐被揭示出来（陈小荷 1999，宋柔 2009，周韧

2015，沈家煊 2016 等)。

首先，兼类说带来逻辑上的谬误。我们以区别词和副词的兼类为例来说明。朱德熙（1982：55—56）认为区别词是"只能在名词或助词'的'前边出现的黏着词"，副词是"只能充任状语的虚词"。两个定义都有一个"只"字，区别词和副词的内涵是完全排斥的，外延不可能有交集，所以认为区别词和副词可以兼类，就发生了逻辑上的谬误(陈小荷 1999，宋柔 2009)。沈家煊（2016）进一步指出，按区别词的定义，一个词是区别词就不可能同时是其他词，区别词不仅不可能跟副词兼类，也不可能跟其他任何多功能的词类兼类。

其次，兼类说带来理论上的自相矛盾和体系的前后不一致。汉语词类跟句法成分之间不存在简单的一一对应关系，这不仅是汉语词类的特点，也是汉语"关系全局的"的特点（朱德熙 1985a：4）。这是朱德熙关于汉语语法研究的重大发现和重要贡献。但是兼类词的本质，却是根据一个词在句子中所处的语法位置不同，把它判定为属于不同的词类，也就是回到朱德熙所反对的"依句辨品"上了。周韧（2014）指出："既然坚持词类和句子成分之间没有一一对应的关系，那么在汉语词类划分中，实际上是不可能出现兼类词的。"另外，朱德熙（1980）明确指出，"词类是概括词的分类，不是个体词的直接分类”，而兼类词的设置，恰恰是根据个体词分类的一种处理方式，和朱德熙一贯的理念是背道而驰的。如做定语的“高速”（高速列车）跟做状语的“高速”（高速前进），显然应归纳为同一个概括词，朱德熙却将其看作是区别词兼副词（朱德熙 1985a）。

再次，兼类词的范围难以确定。比如名词，朱德熙（1982，1985a，1985c）先后给出了五条衡量标准（详见本书 4.1.3 节），要是满足全部标准，名动词的范围会很小；要是只需满足一条标准，名动词的范围会很大。如果再加上形式动词之间的差异（例如“＊进行放行/给予放行”“加以支持/＊作支持”），名动词的判别标准就更不好把握，范围更难以确定。

有人试图用连续统的观点来说明动名之间的不同。根据功能语言学的观点，名词和动词之间是一个连续体，动性或名性有强弱的区别，也只有强弱的区别。如夸克的《当代英语详解语法》（Quirk, *et al* 1985：1290-1292）考察了英语“V-ing 形式”名性和动性强弱的连续统，依次列出 painting 一词从名性最强到最弱的 14 个用例；沈家煊（1999a：第十章）以此来证明词类和句法成分之间存在普遍的“相对关联标记模式”；王冬梅（2010：第五章）以此来证明动词和宾语之间存在普遍的述谓和指称程度的共变规律（也叫“名动共变")。虽然这种做法自有它的价值,但是不可能完全取代离散观,而且动词的名性强弱是分不清、分不尽的。词类除了有连续性的一面,还有离散性的一面。一个动词做了主宾语,还是得确定它的属性到底是变成了名词还是仍然是动词,总不能说它 60% 变成了名词,还保留 40% 的动词性,或者反过来说 40% 变成了名词,还保留 60% 的动词性。所以连续统也不能完全解决问题。

1.1.5 关于新的三层制

传统的词类研究中的问题,除了理论上的不自洽以外,还有过于复杂的问题,关于词类划分的新的三层制就属于此类。老的三层制指叶斯柏森提出的词品说,即为了使词类和句法成分对应,在词类和句法成分之间增加一个叫"词品"的层次,但结果却是词的词性到了句法层面还是要转来转去,不解决问题。不解决问题而徒增一个层次,属于过度生成,违背简单原则。

认同新的三层制的研究者以石定栩和郭锐为代表。石定栩(2011:4—10)提出"划分词类的标准应该是语义",而句子又赋予实词以一种外在性质,即句法功能,这实际上是将词性分为词汇层面和句法功能层面,建立词汇层面的词性—句法功能层面的词性—句法成分这样的三层制。郭锐（2002：89—90）也认为词有"词汇层面的词性，需要在词典中标明"，有"句法层面的词性"，也建立起一个三层制。跟石定栩不同的是，郭锐认为词性不是根据语义而是根据词的表述功能（指称、陈述等），分内在表述功能和外在表述功能，前者就是词汇层面的词性，后者就是句法层面的词性，表述功能的转化就是词性的转化。例如"这本书的出版"，"出版"在词汇层面上是动词性的，内在表述功能是陈述性的，在句法层面上转化为名词性的，也就是由陈述性转化为外在的指称性功能。"小王黄头发"里的"黄头发"是"指称的陈述化"，也就是由名词性的转化为动词性的。

吕叔湘（1979：32）早就指出，认为词本身的特点值得分类、需要分类，这对有发达形态的语言也许适用，但对于汉语不适用，因为"词本身的特点"实际上指的就是形态变化，而汉语词没有形态变化。人为分出词汇层面和句子层面的词类，违背简单原则。

以语义为根据来确定词性，朱德熙早就指出这是行不通的（朱德熙等 1961，朱德熙 1985a：10）。石著从语义定词性的时候还是要依靠词出现的具体句子，如说到"战争"和"战斗"的区别，说"战争"从语义上讲只能是名词，因为"放入具体的句子"就会发现它总是用来描述事件而不会用来描述动作（2011：6）。所以词汇层面的词性和句子功能层面的词性是分不开的。人为分割出两个平面，既不可行，也违背简单原则。郭著说内在表述功能就是词汇层面的词性，外在表述功能就是句法层面的词性，表述功能的转化就是词性的转化。既然是指同一个东西，为什么还要用两套名目呢？显然也违背了简单原则。

在对具体词语的分析上，新的三层制常常非常复杂。如石著在区分两个层面的词性后，对做主宾语的动词分出三个形式类（2011：45），例如"泅渡"一词在"我们不打算泅渡"里还是动词，在"我们不熟悉泅渡"里已经变为名词，在"我们不赞成泅渡"里只是语义上发生"名物化"，还没有在句法上名词化。这样三分的依据是"打算""熟悉""赞成"对宾语的支配程度不等。但是动词的名性强弱是分不清、分不尽的，这样分下去会分出无穷多的类别来。郭著说"出版"这类名动兼类词在词汇层面就有两个词性，一个是动词性的（"这本书的出版"），一个是名词性的（"图书出版"），前者从词汇层面进入句法层面时要从动词性转化为名词性，而后者在词汇层面就发生了动词性到名词性的转化。前一种词性转化是语法化转化，后一种词性转化是词汇化转化（2002：101），这就在词性转化上又多了一层区分。这样做的结果就是带来干扰和累赘，例如对于"版权保护和特别保护"这样的并列结构，就要说前一个"保护"是名词，后一个"保护"是动词，分别经历词汇层面和句法层面的名词化；对于"图书的出版与不出版"，如果说前一个"出版"在句法层面名词化，那么并列的后一个"出版"（受副词修饰）就无法在句法层面名词化；"拖延式不出版"和"给他来一个不出版"又如何让"不出版"在词汇层面名词化？

总之，新的三层制和老的三层制没有本质的差别，都是在词类和句法成分之间增加一个分析层面，词性则根据所处语法位置不同转来转去。这不解决问题，又违背简单原则。

新的三层制不仅比词品说更加复杂，而且在应该做出区分的地方又没有像词品说那样做出区分（沈家煊2016）。"词品"说（Jespersen 1924：62）在讲转品的时候说，动词用作主宾语是转品——次品转为首品，而名词用作谓语不是转品，不是首品转为次品，而是变成地道的动词。这是一个重要的区分，朱德熙重视这个区分，说动词能做主宾语，名词一般不能做谓语。名词和动词的这种不对称在英语和汉语里都存在，然而新的三层制对此却没有做出区分。

1.2 应用上面临的困难

1.2.1 计算语言学方面

计算语言学最重要的任务，就是实现计算机对自然语言的句法—语义分析，以期在信息检索、信息抽取、问答系统、机器翻译、知识发现和管理等领域得到实际的应用(黄昌宁、李玉梅 2009)。随着研究的进展，一个共识正在形成，即计算机不像人拥有那么多隐含的知识，在许多自动句法分析系统中，词类知识是主要的，甚至是唯一的知识源(陈小荷 1999)。因此，词性标注是计算语言学首先要解决的问题。而动名兼类词的标注问题，一直争论较大，如"哭没用"中"哭"标名还是标动，让人不知所从。

有人主张动名词不管在主宾语位置上还是在谓语位置上，都标为 VN（动名词）（朱德熙 1985a；郭锐 2000，2002)；有人主张主宾语位置上标为 VN，谓语位置上标为 V（俞士汶等 2003)。可是，如上文所说，VN 的范围是难以确定的，各家的判定标准也很不一致，这导致标注的时候可操作性不强，标注的结果也不相同。而且，主宾语位置上和谓语位置上都标为 VN，实际上"抹杀了动词和名词各自的语法特点，丢掉了'词类和词类性质——对应'的优点，也不满足'句法规则的简单性'要求"（黄昌宁、李玉梅 2009）。

　　黄昌宁、李玉梅（2009）的观点是，不带"的"的定中式结构的中心语位置是名词的典型位置，"n+x""a+x""v+x"定中结构中的 x 位置上的词语的词性应该标为 N；述语是动词的典型位置，述语位置上的词标为 V。这种方式可操作性强，也符合简单原则，可是理论上又违反"扩展规约"，带来语法体系的不自洽。而且，如詹卫东（2013）所说，如果把"经过认真调查"中的"调查"标为 N，那么，"经过反复调试、经过持续观测、经过激烈搏斗"中的"反复调试、持续观测、激烈搏斗"跟"认真调查"的分布都是一样的，其中心成分"观测、调试、搏斗"也要标为 N。以此类推，"经过调试、经过观测、经过搏斗"中的"观测、调试、搏斗"也要标为 N。进一步类推，"哭没用、这本书的出版、他的笑"中的"哭、出版、笑"也要标为 N。这样，理论上可以造成所有的动词都兼名词，不符合兼类的词只能是少数的原则（朱德熙 1982：39），导致"词无定类"的局面。

　　计算机对自然语言进行句法分析，需要跟词类标记相联系的比较严密和完备的词类知识。遗憾的是，现有的汉语词类知识（包括词类体系、每一词类的语法功能等）是粗糙的和不完备的，难以支持自动句法分析。面对这种状况，陈小荷（1999）索性放弃传统的词类概念，主张用且仅用充当句法成分的功能来对实词（包括副词）进行分类。具体做法是列出句法结构清单以确定句法成分的种数，然后对每一个实词都检查它有无充当这个清单上的任一句法成分的功能。陈文为实词分类而拟的句法结构清单，共有八种句法结构、十三种句法成分：

结构名称	直接成分$_1$	直接成分$_2$
主谓结构	主语	谓语
述宾结构	述语$_1$	宾语
述补结构	述语$_2$	补语$_1$
述"得"补结构	述语$_2$	补语$_2$
定中结构	定语$_1$	中心语$_1$
定"的"中结构	定语$_2$	中心语$_1$
状中结构	状语$_1$	中心语$_2$
状"地"中结构	状语$_2$	中心语$_2$

说一个词能充当主语，等于说它能在主谓结构里做第一个直接成分；说一个词能充当宾语，等于说它能在述宾结构里做第二个直接成分。这样就是用句法结构来

作为实词归类的测试环境，也就是从句法结构推导出词类。用这个清单上的句法结构对实词分类，最多可以分出 $2^{13}=8\,192$ 种词类，违背词类划分是为了讲语法方便的初衷，也不具备可操作性。

所以，计算语言学也需要新的词类研究成果来解决相关的问题。

1.2.2　教学方面

中国学生在英语学习的过程中，产生了一些多发性、反复性、系统性的错误，沈家煊（2017f）将其归类为词类误用、冠词缺失和形态缺失、be 的过度生成、否定词误用误解等。词类误用集中在名动误用、名形误用、形副误用三个方面，如：

名误用为动：You will **failure**.

动误用为名：… it will lead to **succeed** easily.

名误用为形：They are beautiful, elegant and **wealth**.

形误用为名：fighting against their **hungry** …

形误用为副：… so the students must do as **good** as they can.

副误用为形：… newspaper is the most **simply** and efficient way.

冠词（不定冠词 a 和定冠词 the）缺失如：

I imput the data into □ computer and ran the SPSS to analyze it.

Chapter 4 will answer □ research questions raised in □ methodology chapter.

形态缺失主要是动词的形态缺失，如：

He **tell** me yesterday.

还有该用 V-ing 形式的地方误用动词原形或过度使用 V-ing。例如：

He can devote himself to **study** and to work.
Some people like to **taking** to a kind of job.

be 的过度生成如：

…… who **are** come from UN and UK. ……他们[是] 来自 UN 和 UK。

It **is** means that our family will be under big pressure of lives. 这 [就] 是说我们家将处于很大的生活压力下。

He **was** arrived early. 他 [是] 早到了。

否定词误用主要是该用 no 的地方错用 not，如：

He has **not a** brother. 他没有一个兄弟。

这些反复出现的误用提示我们，汉语和英语的词类系统应该有着较大的区别。语言教学中需要运用新的词类研究成果，以帮助学生减少错误、学好英语。

1.2.3　实验研究呼唤词类理论的更新

面对新的大脑表征实验、儿童语言习得实验等，现有的词类研究成果往往难以提供合理的解释，这也呼唤着词类理论的更新。沈家煊、乐耀（2013）和乐耀（2017）对此进行了研究，下面举例说明。

如，已有的神经心理学的研究表明，在英语和其他印欧语中，名词和动词在大脑皮层的表征区域不同；动词的表征区域在大脑前部，名词的表征区域在大脑后部。脑成像的实验和失语症的研究结果也与此相一致。李平等人（Li, *et al* 2004）报道了一项针对汉语词类的核磁共振脑成像实验，实验的结果有两点：（1）汉语名词和动词激活的区域都分散在大脑的前部和后部。（2）只有尾状核（caudate nucleus）是唯一显示名动有别的部位，名词的激活强于动词。已有的研究表明，人在执行许多认知和语言任务的时候，尾状核和前额部分有相似的作用。上述的实验结果在 Chan et al.（2008）和 Yang et al.（2011）两项实验研究中得到进一步的证实。在传统的名动分立的词类系统中，汉语和印欧语名词和动词激活的大脑区域的差别，是无法解释的。

再如，Haryu et al.（2005）和 Imai et al.（2008）报道了一项心理语言学的研究实验（下称实验甲），该实验考察了儿童习得名词和动词的区分。实验采用的是匹配法，即要求被试儿童把一些新词跟呈现的事物或动作配对。实验的结果表明，英、日、汉三种语言的儿童在三岁的时候都已经能把一个新的名词跟一种新的事物联系起来，五岁的英语儿童和日语儿童都能把一个新的动词跟一种新的动作联系起来，但是五岁的汉语儿童还做不到，他们到了五岁还是倾向于把一个新的动词跟一种新的事物联系起来。

对这个结果的解释是，习得事物概念比习得动作概念容易，儿童习得名词和动词的时候有名词偏向（noun bias），即遇到一个新词，儿童先默认它是一个名词，把它跟一种新的事物联系起来，除非有相反的线索表明它不是名词而是动词。和英语、日语相比，汉语中用来判定一个词是动词的线索缺乏，所以汉语儿童习得动词比较慢。

　　但是，Chan et al.（2011）（下称实验乙）进行了一项针对实验甲的研究实验，却得出相反的结论。这项实验也是用匹配法来考察英语和汉语幼儿在遇到新词时，是更倾向于将新词与物体匹配还是与动作匹配。与实验甲不同的是，实验分为习惯化（habituation）和测试这两个阶段，即先通过图像和语音的对应使幼儿建立起名动的区别，然后再进行测试。结果发现：英语幼儿在 18 个月时能够将新词与动作或物体匹配，14 个月时则两者都不能完成。而汉语幼儿在 14 个月和 18 个月时都能够将新词与动作匹配，但不能将新词与物体匹配。这表明汉语幼儿习得动词要比英语幼儿早，实验者因此认为英语幼儿词汇习得是名词偏向，而汉语是动词偏向。这两个矛盾的实验结果，在现有词类研究成果的基础上是无法进行解释的。

　　总之，在原有的语法体系中，词类研究从理论到应用，都存在着一系列无法解决的矛盾和问题。而且，随着研究的细致深入，问题不是越来越少了，而是更加凸显出来。这启示我们，应该跳出原有思维模式的桎梏，从全新的角度去审视汉语词类这个老大难问题。

2 "名动包含"说

从 2007 年开始，沈家煊发表一系列文章，论证了汉语研究中的很多矛盾都是对名词和动词关系的认识存在偏差导致的。具体说就是，印欧语的名词和动词是分立关系，从形态到句法分布，名词和动词都是截然不同的两类，相互独立，略有交叉。而汉语语法从学科地位确立之初就受到印欧语的影响，也把"名动分立"看成默认的、理所当然的，从而导致了理论和应用上的种种问题和矛盾。实际上，汉语名词和动词的关系是与印欧语完全不同的"名动包含"格局。"名动包含"格局的主要观点和论证过程集中在沈家煊《名词和动词》（2016）中，本书主要据此进行介绍，引用时不再一一列出。

2.1 "名动包含"的含义

"名动包含"指的是汉语中名词和动词是包含关系，名词是"大名词"（super-noun category），它包含动词在内，动词是名词的一个次类，可以叫"动态名词"。也就是说，所有的动词都是名词，但是名词不都是动词。"名动分立"和"名动包含"这两种不同的词类格局可以图示如下：

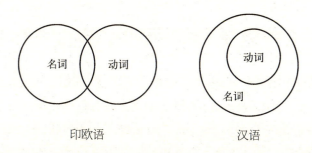

印欧语　　　　　　汉语

印欧语是"名动分立"格局，名词是名词，动词是动词，名词和动词的关系好比"男人"和"女人"的关系，是男人就不是女人，是女人就不是男人，只有小部分交叉，即名动兼类。汉语是"名动包含"格局，名词和动词的关系好比英语 man（人/男人）和 woman（女人）二词的关系，woman 也是 man，man 不都是 woman；也好比汉语"护士"和"男护士"的关系，男护士也是护士，护士不都是男的。汉语不存在名动兼类，因为动词都属于名词。

2.2 "名动包含"的实质

名动包含的实质是"指述包含"，即指称包含述谓。指称和述谓是语言最基本的表述功能，也是语言学中的初始概念。语言类型学家在比较不同语言的词类时，大多是把指称和述谓作为比较的共同基础的。有指称功能的是名词，有述谓功能的是动词。指称和述谓相比，指称更加基本，因为我们不仅述谓一个活动或一个事件，也指称一个活动或一个事件。具体说就是，对于一个述谓，我们仍然可以指称；而对于一个指称，我们则很难再加以述谓，所以可以说指称包含述谓，这就是指述包含。

指称和述谓这一对概念和词类的关系，在不同语言中是有差别的。汉语中的名词直接实现为指称语，动词直接实现为述谓语，印欧语则需要一个指称化或者述谓化的过程。我们举例说明：

    a. 他开飞机。
     * He fly a plane.   He flies a plane.
    b. 他开飞机。
     * He flies plane.   He flies a plane.
    c. 开飞机容易。
     * Fly a plane is easy.   Flying a plane is easy.

a 表明，汉语的动词"开"入句可以直接充当述谓语，英语 fly 入句则有一个述谓化的过程，要变为 flies。从这个意义上讲，汉语的动词本来就是述谓语。b 表明，汉语的名词"飞机"入句直接充当指称语,英语 plane 入句则有一个指称化的过程,要变为 a plane,the plane(s),或者 planes。从这个意义上讲,汉语的名词本来就是指称语。而指称和述谓之间是包含关系,据此可以推出,名词和动词之间也是包含关系。例句 c 的存在恰恰证实了这一点。c 表明,汉语的动词可以直接当名词用,也就是充当主宾语,而不像英语那样有一个名词化或名物化的过程,如 fly 要变为 flying 或者 to fly,即汉语的动词(述谓语)也是名词(指称语),动词是名词的一个次类,名词包含动词。所以,"名动包含"的实质是更基础的"指述包含"。

综上,印欧语的名词和动词是语法范畴,指称语和述谓语是语用范畴,从语法范畴到语用范畴有个实现的过程;而汉语的名词和动词既是语法范畴,也是语用范畴,名词和动词是由指称语述谓语构成的,语用范畴包含语法范畴。图示如下:

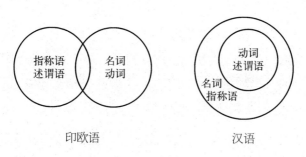

印欧语   汉语

印欧语语法和语用有个交界面（interface），对汉语来说这样的交界面不存在。如果把语法看作语言的组织结构的"体"，汉语的这种包含格局可以称为"用体包含"，"用"包含"体"。

最早把指称和陈述引入汉语研究的是朱德熙（1982），他提出主宾语可以分为指称性和陈述性两类，但这并不是说指称和陈述是对立的。朱德熙提出用"什么"和"怎么样"来鉴别主宾语的指称性和陈述性；同时还指出，"怎么样"只能替代谓词性成分，"什么"既可以替代名词性成分又可以替代谓词性成分，这恰恰是支持"名动包含"（指称语包含述谓语）的证据。

2.3　名词的根本性

名词指称事物，动词陈述动作，二者在认知上是不对称的。具体地说，事物概念可以独立，我们完全可以想象一个事物而不联想到动作，而动作概念总是依附于相关事物，不可能想象一个动作而不同时联想到跟动作有关的事物。例如，"殴打"这个动作概念不能离开"人"这个事物概念而独立存在，而"人"的概念完全可以脱离"殴打"这个动作概念而独立存在。（参看

Langacker 1987：299）另一方面，我们除了可以指称事物，还可以指称动作，即把一个抽象的活动当作一个具体的实体看待。这符合用具体概念隐喻抽象概念的认知规律，是常见的。但是没有特殊原因我们不会将具体的实体当作抽象的动作来看待。如"演员和走穴"这个短语，名词"演员"和动词"走穴"并列。如果说跟"演员"并列的"走穴"也是个用来指称的名词（指称一个动作），没有人会反对。但要是说跟"走穴"并列的"演员"是用来陈述的动词，几乎不会有人同意。所以，从认知上讲，名动不对称一定是以名词为根本，这是语言的共性，"只有动词没有名词"只是一个传说，目前还没有确实的证据证明存在这样的语言（Luuk 2010，转引自沈家煊 2016）。所谓"名词性成分用动词根加附缀来表达"很可能只是名词包含动词的格局在某种词法类型里的一种表现形式而已（沈家煊 2016）。也就是说，名词和动词之间是本末关系，名词为本，动词为末。

在汉语里，动词"也是"名词，名词只是"用如"动词，认知上事物与动作的不对称决定了名词和动词的不对称，不对称的偏侧方向决定了名词的根本性，也决定了包含格局中，名动之间的包含关系只能是名词包含动词，而不可能是动词包含名词。

2.4　动词是虚化名词

　　历史语言学家 Heine 和 Kuteva 根据大量语言特别是
非洲语言的事实得出结论：从词类演化看，名词和动词
并不处在同一个层次上，动词是从名词里分化出来的。
在名词向动词虚化这一点上，汉语和印欧语等语言一
致，但汉语还有自身的特点，即名词向动词的虚化不彻
底，还没有从名词中分立出来。也就是说，汉语的名词
是指称语，动词既是指称语，也是述谓语；而且，汉语
动词并没有像印欧语等语言一样发展出表示［+述谓］
特征的语法标记，只是在短语层面上有表示时体的
"了、着、过"等形式标记，但是这些形式标记都还不
是强制性的，更没有成为词形的一部分。如：

　　　　他开回来（了）一架飞机。①

　　　　他一边开（着）飞机一边拍照。

　　　　他曾经开（过）飞机出海。

　　　　　　　　　　　　　　　　（吕叔湘 1979：92）

---

①　张中行（1992）竭力反对可加可不加的时候加"了"，认为
　　是"累赘拖沓""无用"。吴长安（2013：463）则认为要特
　　别强调的时候还是可以加的。

而在英语里，"He fly a plane"是绝对不合语法、不能成句的。因此可以说，汉语动词这个类正处于语法化的过程中，是正在虚化的名词。动名之间是源流关系，名词是源而动词是流。

2.5 从"名动包含"出发看词类研究中的问题

从"名动包含"的角度来看，第1节提到的词类研究中的老大难问题都可以得到合理的解释。首先，语法体系的不自洽得以消除。在"名动包含"的词类格局中，所谓的违背中心扩展规约和并列规约的问题不再成为问题。名词包含动词，动词是名词的一个次类，做主宾语是名词的功能，也是动词的功能。那么，动词出现在主宾语位置上是实现它的一般功能，而不需要名物化。如"这本书的出版"中，"出版"是动词也是名词，做主宾语不需要什么名物化。因为动词也是名词，所以"N 的 V"就是"N 的 N"（参看周韧 2012），以名词为中心扩展得到名词性短语，并不违背中心扩展规约。汉语里的动词既是动词又是名词，所以违背并列条件的问题也不复存在。名词包含动词，那么汉语也就不存在名动兼类，因为动词都属于名词。关于名词的定义问题，虽然我们仍然不能从正面定义名词，但是从反面定义名词成为可能。这一点在下文的实词部分还会具体谈到。

其次，应用上的一些困难也可以得到解决。比如，计算语言学中，可以把"n+x""a+x""v+x"这些定中结构中 x 位置上的词语都标为 n，因为动词都兼名词，这样并不会导致词无定类的局面。教学上，中国人学英语时出现的多发的反复性错误，可以从母语的负迁移方面得到解释。汉语和英语的词类格局截然不同，中国人学习英语的时候，不可避免地受到母语的影响，导致出现大量系统的和名词动词相关的错误。找到了问题的根源，在教学中就可以有针对性地去解决了。英语教师可以用一些简单明显的例子，设法让学生领悟英汉两种语言"名动分立"和"名动包含"的根本性差异，让学生了解汉语的动词其实都是动名词，兼有动性和名性，汉语的光杆名词和光杆动词就能充当指称语和述谓语，汉语的"是"不同于英语的 be，汉语否定词的分工不同于英语的否定词，防止产生汉语对英语学习的负迁移。

再次，可以为和词类相关的实验结果的合理解释提供一种可能。如前文提到的，李平等人通过针对汉语词类的核磁共振脑成像实验发现，汉语名词和动词在大脑皮层的表征区域和英语等印欧语不同。在"名动分立"格局中这是无法解释的，但是"名动包含"格局为我们提供了新的思路。在汉语里，动词也是名词，除了可以做谓语，还跟一般名词一样能做主宾语，所以它除了能激活大脑前部还能激活后部。另一方面，汉语的名词不都是动词，那些不是动词的一般名词也可以做谓语，所以跟动词一样能激活前部，但是名词做谓语毕竟是特殊的，因此还需要激活跟前额作用相关的尾状核部分。至于尾状核，可以假设它是用来调节词的指称性／述谓性强度的。当然以上只是一个推测和假设，有待验证。但是我们相信，词类理论的更新将为不同语言词类脑成像的比较研究提供新的设计思路和解释角度，加深我们对大脑表征和处理语言的神经机制的了解。

从"名动包含"格局出发，第 1 节提到的两项关于儿童词类习得实验得出的相反结果也可以得到解释。这两项实验都建立在"名动分立"的基础上。在实验甲里，幼儿的关注点是寻找区分动词和名词的线索，而汉语缺乏判定动词的线索，所以区分起来就比较困难，动词习得比较晚。实验乙分为习惯化阶段和测试阶段两部分，经过习惯化阶段，幼儿已经掌握名动之别，就会特别重视动词，因为它是名词里一个特殊的次类，所以实验乙中汉语幼儿习得动词比英语幼儿早。

另外，所谓"名词偏向"或"动词偏向"都建立在名动分立的基础之上，其实是十分含糊的说法，从不同的角度出发可以有不同的理解。如果从"名动包含"

的格局看，汉语的实词天然都是名词，一个词是不是名词不重要，是不是动词才是重要的，从这个角度讲，汉语偏重动词。从另一个角度讲，汉语的动词只是名词的一个次类，没有形成一个跟名词对立的类，所以汉语偏重名词。词类观的不同一方面会影响我们对实验的解释，另一方面也会影响我们的实验设计。汉语"名动包含"说必将推动认知语言学进一步发展。

3 继承和突破

任何科研工作都要以继承前人的研究成果为基础，可以说没有继承，就没有发展，更谈不上突破。沈家煊提出的"名动包含"的词类观当然也不是凭空产生的，前人的研究成果，如赵元任的"零句"说和吕叔湘的"流水句"，朱德熙的动词做主宾语时没有改变性质、实现关系和组成关系等，都是"名动包含"说的先声。"名动包含"说在继承这些学说的基础上，突破了一些过去认为理所当然的观念，从而给汉语词类研究开拓出一片新的天地。

3.1 继承

3.1.1 "零句"说和"流水句"

"名动包含"的词类格局可以从赵元任（1968：41—51）的"零句"说推导出来。零句说的主要观点是：(1) 整句由零句组成；(2) 零句是根本；(3) 零句可以独立。简单介绍如下。

　　汉语的句子就是两头有明显停顿的一个话段（utterance），它可以没有主语，如"下雨了！"，没有相当英语的主语 it；也可以没有谓语，如"这个人呀！"，这样的句子就是零句（minor sentence）。而主谓齐全的句子叫整句。汉语中零句加上语调就可以独立成句，在日常会话中，也是零句"占优势"；整句由零句组成，是"有意经营的"，所以说，汉语中零句是根本。（Chao 1959）

　　整句由两个零句组成，一问一答两个零句可以组成整句，如：

　　　　饭呢？都吃完了。（一问一答）
　　　　饭呢都吃完了。（自问自答）
　　　　饭都吃完了。（组合成一个整句）

前一个零句是主语，后一个零句是谓语。语气助词"啊、吧、吗、呢"既可以出现在句末，也可以出现在主语后头，就是一个重要的形式证据。另外，对话不限于"问和答"，可以是各种"引发和应答"，比如你说"我不来"引发我回应"我不去"，"你不来，我不去"这种条件主从句也是由两个零句组合而成的整句。不仅是条件小句，表示让步、原因、时间、处所的小句也都可以当成主语。如：

我昨儿晚上上床（的时候），客人还没全走。

大家用功（的地方），你不能大声儿说话。

我吃完了（以后）你吃。

票还没买（以前）你不能上船。

所以，汉语零句构成的整句中，主语和谓语的结构形式"多种多样""没有限制"：主语除了是名词性词语，也可以是表时间、处所、条件的词语，还可以是动词性词语、介词短语和主谓短语；谓语除了是动词性词语（包括形容词），也可以是名词性词语和主谓短语。汉语里甚至有动词性主语加名词性谓语的句子，例如：

逃俏头。　（他）不死一百岁了。　不下雨已经三个月了。

（沈家煊 2016）

沈家煊（2016）指出，"名动包含"格局是从零句说推导出来的，过程如下：

∵　零句都能是整句的主语/话题。①

∵　主语/话题是指称性的。

_____

① 关于汉语的主语和话题的关系，可参阅本丛书中宋文辉著《主语和话题》。

∴　零句（包括述谓性零句）都有指称性。①

并通过下面的例子进行说明：

治得好嘛。　还活着呢。　今年一百岁了。

这是三个并置的句子，都有终结语调，两头有停顿。前两个是无主零句，后一个是主谓句。如果取消"治得好嘛"的终结语调和停顿，"治得好嘛"和"还活着呢"可以合成一个整句"治得好嘛还活着呢"，"治得好"是话题，"嘛"是话题标记，"还活着"是述谓语，"呢"提请听者注意"还活着"这个事实；如果取消"还活着呢"的终结语调和停顿，"还活着呢"和"今年一百岁了"合成一个整句"还活着呢今年八十岁了"，"还活着"是指称性的话题，"呢"是话题标记，所以述谓语"还活着"也有指称性。前一整句的谓语就是后一整句的主语，形式上没有区别。也就是说，述谓语都有指称性，动词都是名词。

这样，汉语"特多流水句"②（吕叔湘 1979：27）

---

① 我们建议，把上述推理的第一个前提"零句都**能**是整句的主语/话题"中的"能"去掉，去掉"能"字，从语篇看并不违背汉语事实。

② 关于流水句，可参阅本丛书中许立群著《从"单复句"到"流水句"》。

的现象就很好理解了。流水句就是一系列零句似断还连的并置，并置的零句有动词性的也有名词性的，例如：

老王呢？又生病了吧！也该请个假呀！走不动了嘎！儿子女儿呢？上班忙吧？

请个保姆嘎！工资低呀！先借点呢？犟脾气一个呀！……

（转引自沈家煊 2012d）

这段话中的小句都是零句，我们可以把任何两个前后相继的零句组合为一个整句，只要取消中间的全停顿和终结语调，例如"老王呢又生病了""请个保姆嘎工资低""先借点呢犟脾气一个"。所以，零句既是前一个整句的说明，又是后一个整句的话题。在传统的"名动分立"格局里，这个现象是无法解释的。按照"名动包含"格局，动词也是名词，谓语也是指称语，那么一个"令人惊异然而明明白白的"结论就是，汉语流水句的组成是：

$$S_{流} \rightarrow S'_{NP} + S'_{NP} + S'_{NP}\cdots$$

组成流水句的每一个句段，不管是名词性的还是动词性的，都具有指称性，只是有的 NP 兼有述谓性。这恰恰

49

和"名动包含"的含义是一致的。

沈家煊（2017g）中有大量这类流水句的例子。如：

> 范总说，俞小姐的单子，必须我来结。阿宝说，小事一桩，范总不必认真。

阿宝说的"小事一桩"，既是后面"范总不必认真"的评说对象（话题），也是对前面范总说的话的评说（说明）。除了这种"话题 1—说明 1/话题 2—说明 2"形式的话题链以外，还有一种"套叠型"。下面是《繁花》中的句子：

> 八十年代，上海人聪明，新开小饭店，挖地三尺，店面多一层，阁楼延伸。

"八十年代"是话题，从"上海人聪明"开始到结束都是对这个话题的说明。在这个大说明里，开头的"上海人聪明"是话题，从"新开小饭店"到结束是对这个话题的说明。然后"新开小饭店"又成为话题，从"挖地三尺"到结束是对这个话题的说明。最后"挖地三尺"又是话题，"店面多一层，阁楼延伸"是对它的说明。这种情形可以概括为：

八十年代，上海人聪明，新开小饭店，……。

话题 1　　［说明 1［话题 2［说明 2］　］　］

其中每一个话题既可以做主语，也可以做谓语，都具有指称性。

3.1.2　"零形式名词化"不存在

没有形态标志是汉语区别于印欧语的一个重要特点。朱德熙（1985a：4）在此基础上，提出了汉语语法"关系全局的"的两个特点，其中之一是"汉语词类跟句法成分（就是通常说的句子成分）之间不存在简单的一一对应关系"。而且朱德熙特别指出，"动词和形容词既能做谓语，又能做主宾语。做主宾语的时候，还是动词、形容词，并没有改变性质。这是汉语区别于印欧语的一个非常重要的特点"，而"认为主宾语位置上的动词、形容词已经名词化了。这是拿印欧语的眼光来看待汉语"，这种名词化为"印欧语所有而为汉语所无"。

关于这一点，吕叔湘也说："凡是在相同条件下，同类的词都可以这样用的，不算词类转变。"（吕叔湘1979：46）汉语的动词和形容词做主宾语，当然是就大多数动词和形容词而言的，《语法讲义》里说"事实上绝大部分的动词和形容词都能做主宾语"（第 101 页），《语法答问》里说"百分之八九十的动词和形容词可以做主宾语"（第 7 页）。认为主宾语位置上的动词没有改变性质，也是符合简单原则的。

有人认为，动词能做主宾语并不是汉语的特点，英语的动词也能做主宾语，只不过要加形态标记而已，汉语动词做主宾语的时候是一种零派生，像英语的 work 和 play。（陆俭明 2013）但是，零派生只能对少量动词而言，如果说绝大部分的动词都要零派生，那就跟说绝大部分动词都要名词化一样，是多此一举的。朱德熙（1983）明确说，"所谓'零形式名词化'，对于汉语来说，都是人为的虚构"，显然是不符合简单原则的。

3.1.3 朱德熙的"实现关系"和"组成关系"

朱德熙（1985a：4）提出"汉语句子的构造原则跟词组的构造原则基本上是一致的"，这是汉语语法不同于印欧语的"关系全局的"的又一个特点。简单地说，英语中动词在不同的位置上用不同的形式，可以说词组进入句子时，"熔解"为句子成分，形态变化就是"熔解"标志。而汉语的"动词和动词结构不管在哪里出现，形式完全一样"，不存在一个"熔解"的过程。如：

> He flies a plane.（他开飞机。）
>
> To fly a plane is easy.（开飞机容易。）
>
> Flying a plane is easy.（同上）

这决定了在词组和句子之间的关系上，汉语和印欧语是不同的。印欧语有形态标记，词组跟句子的构造不同，二者是组成关系，即句子是由子句组成的，子句是由词组组成的，词组是由词组成的。组成关系也就是部分和整体的关系。而汉语没有形态标记，动词和动词结构不管在哪里出现，形式完全一样，词组和句子之间是实现关系，即抽象和具体的关系。如汉语词组"去北极探险"，可以直接独立成句，也可以直接成为句子的一部分：

> 去北极探险！
> 他们去北极探险。
> 去北极探险一定挺有意思。
> 他们打算去北极探险。
> 去北极探险的人是很勇敢的。

上例即同一个词组在不同的语法环境的"实现"。（朱德熙 1985a：69—76）

沈家煊论证"名动包含"时有一对重要概念——"实现关系"和"构成关系"，这继承了上述朱德熙的一些观点。沈家煊的"实现关系"就是朱德熙的"组成关系"，"构成关系"和朱德熙的"实现关系"名称不同，但实质是一致的。之所以放弃朱德熙的说法，原因大概有二：

第一，跟认知语言学接轨，有普遍性。认知语言学的隐喻（metaphor）理论，把隐喻分为实现性隐喻和构成性隐喻两种（Ungerer & Schmid 1996：147－149），相应地，概念之间的关系也就有实现关系和构成关系的区别。而这两种关系的区分在印欧语和汉语中是十分清晰的，一个加形式标记，一个不加形式标记。

第二，强调了直接实现关系和间接实现关系的区别。朱德熙认为，汉语中抽象的词组直接成为具体句子或句子成分叫实现关系；Lakoff 和 Johnson（1980）等语言学家认为，英语动词做主宾语的时候虽然有个名词化的过程，但也是抽象转化为具体。这样，汉语可以说是"直接的、不加标记的实现关系"，英语则是一种"非直接的、加标记的实现关系"。而沈家煊用实现关系指称印欧语中的间接实现关系，用构成关系指称汉语的直接实现关系，进一步强调了二者的区别。

朱德熙明确指出，"主谓结构可以做谓语"是"汉语句子的构造原则跟词组的构造原则的一致性"的一种"特别表现"。也就是说，汉语的主谓结构实际上也是一种词组，跟其他词组的地位完全平等，可以独立成句，也可以做句子成分。赵元任（1968：57）"整句（S-P）作谓语"的观点和吕叔湘（1979：31）"不用主谓关系的有无来区别句子和短语""短语可以包括主谓短语"的看法与此一致。

但是，有人一方面承认主谓结构可以做谓语，一方面又承认零形式名词化，从理论体系上讲是相互矛盾的。因为一方面，汉语的主谓结构可以跟述宾结构、状中结构、连谓结构等其他结构一样做句子的谓语；另一方面，"没有主语的句子跟有主语的句子同样是独立而且完备的"（朱德熙1987），所以汉语的主谓结构跟其他类型的结构"地位完全平等"（朱德熙1985a：8）。承认主谓结构可以做谓语，也就承认了词组入句直接实现为句法成分，不需要一个名词化过程。如果同时再认为主宾语位置上的动词性成分虽然没有形态标志，仍然名词化了，显然是相互矛盾的。所以，接受了主谓词组可以做谓语，也就接受了词组和句子构造的一致性。

3.2 突破

研究工作要取得突破性进展，观念的突破是必不可少的。对汉语词类的看法从"名动分立"格局到"名动包含"格局的转变，也是建立在对传统的认为理所当然的旧有观念的突破上的。可以说，正是观念的突破，带来了研究的突破。

3.2.1　突破了以为只有"类分立"而没有"类包含"的观念

从逻辑上讲，两个范畴之间的关系，除了"类合一"和"类分立"（class distinction），还有"类包含"（class inclusion）。（Lyons 1977：156）也就是说，范畴甲和范畴乙如果不是等同关系，它们之间的关系有两种：一种是非此即彼的排斥关系，叫"甲乙对立"或"甲乙分立"；一种是非排斥的包容关系，叫"甲乙对待"或"甲乙包含"。前者像"男人"和"女人"两个范畴的关系，是男人就不是女人，是女人就不是男人；后者像 man "人/男人" 和 woman "女人" 两个范畴的关系，man 不都是 woman，但是 woman 都是 man，man 包含 woman。传统观念中，以为只有类分立才是语言的常态，类包含是非常态或临时态。实际上，至少就汉语而言，很可能还有许多其他语言，类包含才是正常态。

从标记理论（markedness theory）来看，"甲乙分立"和"甲乙包含"是两种不同的标记类型，应该加以区分。很多人混淆这两种类型，例如，对 male-female 这对对立范畴，说 male 是无标记项，female 是有标记项；对 man-woman 这对包含范畴，也说 man 是无标记项，woman 是有标记项。还采用相同的特征标记法，无标记项标为[－F],有标记项标为［＋F］,即 male［－阴性］/female［＋阴性］, man［－阴性］/woman［＋阴性］,结果加剧了两种标记类型的混淆。其实分立格局里无标记项 male 的［－阴性］是表示"明确没有［阴性］特征",而包含格局里的无标记项 man 的［－阴性］是表示"未明确有无［阴性］特征"。英语 unmarked 一词无法显示这种区别,而汉语有否定词"未"和"无"的区分,理应把包含格局里的"无标记"改称为"未标记",特征标为［～F］,区别于［－F］,即 man［～阴性］。

如果用范畴—特征之间的对应关系来表示分立格局和包含格局的差别,分立格局是一一对应,包含格局是偏侧对应 ("偏侧关系"即扭曲关系,本书第 5 节有详细介绍):

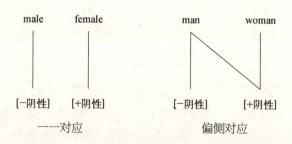

male	female		man	woman
［-阴性］	［+阴性］		［-阴性］	［+阴性］
一一对应			偏侧对应	

汉语语法受印欧语语法影响较大,长期以来类分立的概念一统天下,而类包含没有受到应有的重视。包含

格局突破了这一局限，把名词和动词的特征界定如下：

　　　　大名词：[+指称]，[~述谓]

　　　　动态名词：[+指称]，[+述谓]

　　　　名词：[+指称]，[-述谓]

"大名词"的特征就是具有指称性[+指称]，"没有明确是否具有述谓性"[~述谓]。"动态名词"的特征是[+指称][+述谓]，"名词"的特征是[+指称][-述谓]，二者虽然在[述谓]上对立，但是在[指称]上是统一的。分立格局中，"动词"的定义是[-指称][+述谓]，"名词"的定义是[+指称][-述谓]，在[述谓]和[指称]上都是对立的。

3.2.2 突破了以为"名动包含"使名动区分失去意义的观念

"名动包含"格局的词类观认为，名词包含动词，所有的动词都是名词。有人认为，"名动包含"强调所有的动词都是名词，因而抹杀了名词和动词之间的区别，使得名动区分变得没有意义了。实际上，这是把"有没有区分"和"怎么样区分"混为一谈了。

人在认知上对事物和动作这两种概念有不同的认识。表现在语言上，名动有区分是人类语言的共性，但区分的方式因语言而异，至少可以分出印欧语的分立格局和汉语的包含格局两种类型，这也基于不同的民族在看待事物和动作的关系时有认识上的差异或不同的倾向性。

"名动包含"格局指名词包含动词，动词只是名词的一个次类。这意味着名词和动词不是对立或对等关系。即，汉语所有的动词，不管是单音节还是双音节，全是动态名词，但名词不都是动词。因此，包含格局可以说是"既分又不分"的格局。不分，因为动词也是名词；分，因为名词不都是动词。汉语中动词这个类，也是"既有也没有"。没有，是指没有一个独立的动词类，动词包含在名词之中；有，是指名词中有一类特别的动态名词，动态名词就是汉语的动词。包含格局同时也是一种异而同格局，有同有异：异是因为动态名词和传统意义上的名词不同；同是因为都可以归入大名词。可见，包含格局中名动的区分并非是没有意义的，而是如同英文中的 man 和 woman 的区分，是有意义的。

朱德熙（1985a：64）曾指出，转换生成语法的句子转写规则（rewriting rule）S→NP+VP "在汉语里是行不通的"。汉语中甚至有 "逃僻头" 和 "不死（今年）一百岁" 这种 VP+NP 组成的句子。而包含格局可以在汉语里有限度地维护这条基本转写规则：NP 就是指称语，VP 就是述谓语（简称谓语），VP 是一种动态 NP，NP 包含 VP。如果用 NP（VP）表示"NP 包含

VP", 即指称语包含谓语, 用 VP [NP] 表示"VP 都是 NP", 即谓语都是指称语, 那么那条基本的转写规则可以这样表示:

$$S \rightarrow NP\ (VP)\ +VP\ [NP]$$

NP 包含 VP, VP 当然可以做主语; VP 都是 NP, 谓语都是指称语, 所以 NP 也可以做谓语。这也说明, 包含格局中, 名动的区分依然是有意义的。

4 讲究方法和方法论

对科研工作来说，方法得当是取得进展的必要条件。沈家煊（2017d）指出，语法研究要采用比较法，不采用比附法。汉语语法研究取得的进展，和研究方法上从比附（analogy）到比较（comparison）的改变密切相关。

比较法是科学的方法，强调差异：你有那个，我不见得有那个，我有这个。看上去我也有你的那些范畴、那些层级，其实我的那些范畴、那些层级，其性质和相互之间的关系跟你的有很大的，甚至根本的区别。语言研究中的比较包括汉语跟其他语言的比较，现代汉语跟古代汉语的比较，汉语方言之间的比较，不同语体之间的比较等。比较法有助于我们深入了解语言事实，得到符合客观事实的结论。

比附法是不科学的，以找共同点为主：你有这个，我也有这个。你有这些范畴、这些层级，我也有这些范畴、这些层级。比附法不深究不同事物的个性，所以在寻找共同点的时候，往往直接套用西方的理论框架，把本质不同的东西强行捆绑在一起。汉语语法研究自成立之初就深受印欧语的影响，汉语语法体系也是模仿印欧语建立起来的，所以研究中常常比附印欧语的语法范畴、语法概念来讲汉语语法，给语法研究带来了很多矛盾和困扰。

4.1 比附法带来的困扰

汉语语法研究中长期争论不休的"之"和"都"问题、名动词问题的产生，都与比附英语语法有着直接的关系。

4.1.1 众说纷纭的"N 之 V"结构和"之"

对于古汉语中常做主宾语的"N 之 V"结构，以及其中的"之"的性质，语法学界众说纷纭。而该问题之所以迟迟得不到解决，一个重要的原因是研究过程中比附英语，造成了混乱局面。

关于"之"的看法主要有下面几种（沈家煊、完权 2009）。

A."三化"说。"三化"说指认为"N 之 V"结构做主宾语时 V 发生了词组化（吕叔湘 1942，王力 1980）、名词化（朱德熙 1983，王力 1989）或指称化

（宋绍年 1988，张雁 2001，李佐丰 1989），"之"则被
看成"化"的标记。然而，从张世禄（1959）起就不断
有人指出，古代汉语中除了"N 之 V"可以充当主宾语
外，去掉"之"的主谓结构"NV"同样能充当。如：

> a. 民之望之，若大旱之望雨也。（《孟子·滕文
> 公下》）
> b. 民望之，若大旱之望云霓也。（《孟子·梁惠
> 王下》）

有时，"之字结构"和主谓结构还并列出现于同一段话
中，如：

> 不患人之不己知，患不知人也。（《论语·
> 学而》）

那"三化"的必要性何在呢？而且，如果承认"化"
之前是句子，是动词性的或陈述性的；"化"之后是词
组，是名词性的或指称性的，那么词组和句子、名词短
语和动词短语、指称语和陈述语并列在一起，显然违反
了并列原则。

　　B. "粘连"说。有人认为"之字结构"仍然是动词

性的主+谓结构，"之"只是起个把主和谓粘连起来的作用（何乐士 1989；刘宋川、刘子瑜 2006；宋文辉 2006）。然而，没有"之"，主语和谓语也是粘连在一起的，如"民望之"的内部粘连程度好像比"民之望之"还要高。说"之字结构"是动词性结构也很难成立，因为有一个无法否认的重要事实，那就是"之字结构"很少充当句子的谓语，做主宾语才是它的一般用法。

C. "定语标记"说。余霭芹（1988）认为"NP 之 VP"的"之"是定语标记，而"NP 之 NP"的"之"（如"王之诸臣"）还可算作指示词。张敏（2001）对此持反对意见，并通过一定的句法测试说明，古汉语里的"之"还是个指代词。

D. "语气"说和"文体"说。《马氏文通》说"之"有一种"缓其辞气"的表达作用，而何乐士（1989）又说"之"字有强调作用。强调和舒缓像是两种相反的语气，而且强调的、舒缓的到底是什么也没有进一步阐释。刘宋川、刘子瑜（2006）认为"之"除了起连接作用还起协调音节的作用，使句子节奏具有对称性和整饬性（前后语段的音节数相等或奇偶对应）。但是无法解释的例子很多，更有不少违背的情形。王洪君（1987）认为"之字结构"和主谓结构是文体上的差别，但对两种结构互文和并列的现象无法解释。

　　E. "高可及性"说。洪波（2008）指出，"之字结构"相对主谓结构是"可及性较高"的结构，"之"是一个"较高可及性的标记"。洪文没有把"高可及性"和"提高可及性"区分开来，所以有些现象解释不通。

　　上述观点中，影响最大的当是"三化"说。"三化"说在研究过程中比附英语语法，过分看重了汉语里名词和动词的区分。举例说明：

The bird is going to die.　　鸟将死

the bird's coming death　　鸟之将死

这两个英语片段的语法性质很不一样：前者是句子，后者是词组，后者是前者词组化的结果；die 是动词，death 是名词，death 是 die 名词化或指称化的结果；后者可以出现在主宾语位置上，前者不能。汉语语法研究中之所以有"之"的作用是用来标记词组化、名词化、指称化这些说法，就是比附英语，将"鸟将死"和"鸟之将死"看成是同英语一样的区别造成的。其实汉语里的"鸟将死"既是句子也是词组，"死"既是动词（相当于 die）也是名词（相当于 death），既是述谓语也是指称语，没有发生什么词组化、名词化或指称化。

　　其他各种观点虽差别很大，但有一个共同点，即过分强调了"之字结构"和主谓结构的差别。这也主要是印欧语影响较深所致。

如果摆脱印欧语名动分立的观念,用朴素的眼光看汉语,对"N 之 V"结构和"之"就可以有个符合汉语事实的看法:"鸟之将死"和"鸟之双翼"的"之"是同一个"之",现代汉语中的"这本书的出版"和"这本书的封面"也是同一个"的","之"字句和"的"字句是同一种结构,即"参照体—目标"结构,"之"和"的"的功能都是提高所指对象的指别度,不管这个所指对象是事物还是事件。[①](王远杰 2008;沈家煊、完权 2009;完权 2010a、b)

4.1.2 "都"的量化迷途

"都"是现代汉语中常用的总括副词,对它的讨论集中在量化方向上,也就是总括的对象是在"都"的左边还是右边,但语法学界一直没有达成共识。吕叔湘(1981)说,"除问话外,所总括的对象必须放在'都'前"。但是马真(1983)却发现"都"右边的总括对象不限于疑问代词:

---

① 相关内容可参阅本丛书中完权著《说"的"和"的"字结构》。

这几天你都干了些**什么**？

小李都买**呢子的衣服**。

我都通知**他们**了。

疑问代词是询问信息焦点的，如果它是总括对象的话，那么针对疑问代词的回答（如"呢子的衣服"）也是信息焦点，也应该成为总括对象。下面右列的答句，表示复数的词语在"都"的左边，通常认为"都"的总括对象在左边，但是回答疑问代词的语词却都在"都"的右边：

大伙儿都**什么**意见？　大伙儿都**同意**。

怎么都不能苦了**谁**？　怎么都不能苦了**孩子**（们）。

不论谁都不能进**哪里**？　不论谁都不能进**这两间屋子**。

为了解决这个矛盾，陆续有人提出一些解决方案，共同的做法是坚持"都"只能量化左边的成分，如果左边找不到一个可以理解为复数的成分，就设法补出一个来，或者补出一个复数性的预设，或者补出一个复数性的话题(蒋严 1998，袁毓林 2005b，潘海华 2006)。例如：

我都通知他们了。——小王、小李、小赵，我都通知他们了。

小李都买呢子的衣服。——〔买衣服〕小李〔每次〕都买呢子的衣服。

然而蒋静忠、潘海华（2013）觉得还是要承认有右向量化，他们主要考察了三种句子：

a. 小李都买呢子的衣服。

b. 小李都买的呢子衣服。

c. 这一次小李都买的呢子衣服。

a 句"呢子的衣服"不具有排他性，适用左向量化规则；b 句"的"标明"呢子衣服"是排他性的语义焦点，但是这一句左边照样可以补出复数性事件话题来，如"〔买衣服〕小李〔每次〕都买的呢子衣服"，所以要先使用左向量化规则，再使用右向量化规则。c 句虽然有排他性，但左边的"这一次"是单数，那就只使用右向量化规则。然而问题是，这类句子还是可以在左边补出复数性的词语来：

这一次小李〔在每个服装店〕都买的呢子衣服。

这一次在这个服装店小李〔在每个柜台〕都买

的呢子衣服。

　　这一次在这个服装店这个柜台小李〔付了好几回钱〕都买的呢子衣服。

这表明，被确定为右向量化的句子都适用左向量化规则。而适用左向量化规则的句子几乎都可以在"都"的右边找到一个跟疑问代词对应的语义焦点，因而也都适用右向量化规则。那么其中一个必是冗余的。再加上可以补出的词语又极不确定，矛盾、冗余、不确定性使我们陷入了"都"的量化方向的迷途，或左或右，左右彷徨，无所适从。

　　沈家煊（2015b）指出，"都"的研究之所以陷入量化迷途，最重要的原因是受印欧语眼光的支配，拿汉语的"都"比附英语的 all。其实二者是不同的东西。英语的 all 是个形容词或代词，总括的是名词所代表的事物，有管辖方向的歧义，特别是跟否定词或其他量化成分同现的时候，经典的例子是：

All that glitters is not gold.
发亮的不都是金子。/发亮的都不是金子。

认为"都"和 all 相同，就会不知不觉到左边的指称性词语去寻找总括对象，找不出来也要想方设法补出一个指称性话题来，其实右边的谓语才是"都"自然的总括量化域，尽管谓语通常表达的是动作或性状。而且，汉语"都"的语义限定域跟它的句法管辖域本来就是一致的（另参看王还 1983，1988；沈家煊 1985），区分"不都"和"都不"是件轻而易举的事情，所以不用仿照英语 all 去区分"都"在逻辑语义上的量化方向。而且补来补去，也不符合简单原则。基于这种思想，沈家煊（2015b）提出一个简洁而没有矛盾的解决方案：遵守句子本来的话题—焦点结构，不要把本来在右边的焦点转移到左边去，也不要在左边随意补充一个话题来充当总括对象，左向量化和右向量化两条规则合并为一条，就是"都"的右向管辖规则，"都"的语义限定域（量化域）跟它的句法管辖域相一致。

根据沈文，所有的"都"字句都能用右向管辖规则统一解释。如传统认为"都"总括左边复数成分的例子：

     a. 他们都是老师。   b. 大伙儿都同意。

过去通行的解释是忽视集合"他们"和集合"大伙儿"内部成员的差异，把内部成员视为一样，他们总括起来都具有"老师"和"同意"的特性。右向管辖规则的解释则是忽视集合"老师"和集合"同意"内部的成员差异，不管是什么老师都是"老师"；不管是勉强同意、基本同意还是完全同意，也不管是最先同意、接着同意还是最后同意，都是"同意"。后一种解释跟前一种解释其实是对等的，而且按"都"的句法管辖域来确定"都"的语义限定域，遵守了句子本来的焦点结构（右边的"老师"和"同意"都是句子的自然焦点，尽管一个是名词一个是动词）。

右向管辖规则还可以解释一些用左向量化规则来解释很不自然或无法解释的句子。例如"一锅饭都煮糊了"，要在左边补出一个全称量化域来极不自然，因为"一锅饭"本来是作为一个整体来理解的，无须总括，而各种"煮糊"的程度倒是需要总括的。再如：

a. 两个题目相同。

a'. *两个题目都相同。（除非理解为逐字相同）

b. 三个题目相同。

b'. 三个题目都相同。

"两个"和"三个"都是复数，为什么 a' 成立，而 b' 不成立？原因是有甲乙丙三方才谈得上忽视"甲和乙的相同""乙和丙的相同""丙和甲的相同"之间的差异，只有甲乙两方的时候，"甲和乙的相同"和"乙和甲的相同"之间谈不上什么差异可以忽视，这类例子只能用右向管辖规则来解释。

我们再看这一对例子：

> a. 他都买呢子的衣服。
> b. 他都买的呢子衣服。

统一的右向管辖规则可以对两句的语义差别做出简洁准确的解释。a句"都"的管辖域有宽有窄，在回答"他都干什么"的时候，句子焦点是"买呢子的衣服"，它是"都"管辖的宽域；在回答"他都买什么"的时候，焦点是"呢子衣服"，它是"都"管辖的窄域。①b句跟a句的差别在于b句不可能用来回答"他都干什么"，因为"买的呢子衣服"这个形式（话题"买的"+说明"呢子衣服"）已经预设他干的事是买东西，焦点只在"呢子衣服"上。正因为b句的焦点只在他买的东西上，因此容易理解为买的只是呢子衣服，而a句的焦点还可以在他干的事上，因此不容易理解为买的只是呢子衣

---

① 还有一个更窄的管辖域，在回答"他都买什么样的衣服"的时候，句子焦点是"呢子的"。

服。用"呢子衣服"有无"排他性"来区分两句的语
义差异是不准确的，b 句并不绝对排除买了别的，只是
表示"很可能"买的只是呢子衣服，有例为证：

他都买的呢子衣服，除了一件纯棉的。

"买的只是（呢子衣服）"这个排他义是根据会话合作原
则当中的适量准则（Grice 1975）推导出来的会话隐涵
义（conversational implicature），属于语用性质，是可以
被语境或上下文消除的（defeasible），后半句"除了一
件纯棉的"就是直接消除这个隐涵义的上下文。①因此
准确地讲，a 和 b 两句的语义区别只是，b 句"都"的
管辖范围排除了宽域"买呢子衣服"，使得"买的只是
呢子衣服"这个语用隐涵义的消除更加困难而已。

　　总之，摆脱印欧语的影响，注重汉语的个性，才能
看清楚在将全称量化这种逻辑语义"映射到一个线性序
列"的时候，汉语采用了一种十分简单的方案，即副词

---

① 适量准则（maxim of quantity）是指从合作原则出发，会话要
　提供适量的信息，不多也不少。提供的信息要足量，所以听
　到"老王有三个孩子"的时候可以推导出"老王只有三个孩
　子"的隐涵义。这个隐涵义是可以被消除的，如"老王有三
　个孩子，其实还不止三个"。

"都"的统一的右向管辖规则，不管右边受管辖的是代表事物的名词还是代表事件的动词。这是汉语不同于英语等印欧语的设计特点（design feature）。

4.1.3 名动词问题

名动词是兼有名词性质的双音动词，即名动兼类词，如"研究、调查、准备"等（朱德熙 1982，1985a，1985c）。名动词的设立给汉语语法研究带来两个难以解决的问题：一是范围难以确定。朱德熙给出的名动词的语法特点或判别标准包括：（1）能做动词"有"的宾语。（2）能做形式动词"进行、加以、给予、予以、作"等的宾语，做了形式动词的宾语就不再受副词修饰，不能带宾语，有的还可以受数量词语修饰。（3）可以不加"的"直接修饰名词。（4）可以受名词直接修饰。（5）并列只能用"和"不能用"并"连接。要是全部满足各条标准，名动词的范围会很小，要是只需满足一条标准就算数，名动词的范围会很大。二是造成理论的自相矛盾和体系的前后不一致。（见本书第 1 节兼类词部分）

名动词的设置反映了语法研究中对英语 V-ing 形式的比附。叶斯帕森把英语动词的 V-ing 形式比喻为动词和名词的"混血儿"，兼有动词和名词双重性质，例如：

Brown deftly painting his daughter is a delight to

watch.

　　Brown's deft painting of his daughter is a delight to watch.

V-ing 形式 painting 在前一句里受副词 deftly 修饰，带宾语 his daughter，表现出动词的性质，在后一句里受三个定语 Brown's、deft 和 of his daughter 的修饰，表现出名词的性质。

　　朱德熙认为汉语的名动词"是类似的现象"，并且认为下面这样的结构是歧义结构，其中的名动词可以是动词，也可以是名词：

　　　　没有研究$_N$　（没有历史研究，没有一些研究）
　　　　没有研究$_V$　（没有马上研究，没有研究文学）
　　　　调查$_N$很重要（彻底的方言调查很重要）
　　　　调查$_V$很重要（彻底地调查方言很重要）

那么，按照这个分析，"去很重要""没发现跳"等也是歧义结构：

　　　　去$_N$很重要　（刘玄德的第三次去很重要）
　　　　去$_V$很重要　（接二连三地去茅庐很重要）

没发现去_N　（没发现刘玄德的第三次去）

没发现去_V　（没发现接二连三地去茅庐）

跳_N很严重　（富士康的第十一跳很严重）

跳_V很严重　（连续不断地跳高楼很严重）

没发现跳_N　（没发现富士康的第十一跳）

没发现跳_V　（没发现连续不断地跳高楼）

（沈家煊 2016）

　　然而在"名动分立"格局里，"去""跳"这样的单音动词却只是动词不是名词，不属于"名动词"，而说"去""跳"已经名词化又是朱德熙极力反对的，因为违背简洁准则。也就是说，朱德熙的语法体系里有两个论断，"动词做主宾语的时候还是动词，没有名词化"和"名动词是兼具名动两种性质的词，类似于英语动词的 V-ing 形式"，而这两个论断自相矛盾。

　　英语里分出个 V-ing 形式的动源名词或动偏名词来是合理的，因为有比较可靠的形式标准，即复数标记和冠词，这两个形式从正面给名词这个范畴下了定义。而汉语没有复数后缀和冠词，受数量词修饰和受带"的"的领属定语修饰都不是名词专有的语法特性，动词也具有这样的语法特性。英语和汉语的词类格局是不同的，所以比附英语来研究汉语会出现矛盾。

4.2 比较法遵循的原则

  使用比较法要遵守两条原则，一条是"能简则简"，一条是"分清主次"（沈家煊 2017d）。"能简则简"就是不要过度生成，"大道至简"，科学的道理一定是单纯的、简单的。在这条准则面前，任何先验的理论假设都可以放弃，它凌驾于不同学科、不同学派之上。"分清主次"就是不要以偏概全。过度生成和以偏概全经常连在一起，过度生成往往以偏概全，以偏概全于是过度生成。

  简单原则至高无上，可是比附法总是过度生成，违反简单原则。比如，划分词类的目的是为了把同类的词放在一起，方便讲语法，"能简则简"显然是讲语法的一种"方便法门"。当动词做主宾语时，很多人比附英语，说这时动词发生了词类转变，变成了名词。而汉语的动词几乎都可以做主宾语，说动词做主宾语的时候变成名词，违背了简单原则。朱德熙（1985a）破天荒第一次明确提出，语法研究，特别是语法体系的构建，"简单"和"严谨"同等重要，充分体现了一个语言学家的科学精神。之前的汉语语法体系，对于动词可以直接做主宾语这个现象有两个假设：一是动词做谓语不做主宾语，二是动词做主宾语的时候从动词转变成了名词，发生了零形式名词化。朱德熙拿起"奥卡姆剃刀"，认为只需要一个假设，那就是动词既可以做谓语也可以做主宾语。他同样还剃掉了"词组入句后'熔解'为句子成分"的假设，从而建立起汉语"以词组为本位"的语法体系，这个体系跟传统的句本位语法体系相比，好就好在比较简单。朱德熙的这个语法体系，正像他自己说的，很可能被后人修正甚至被取代，但是他提倡的"严谨"和"简单"的科学精神永存，他的理论一定包含着某些超乎常人的真知灼见，著作会长期被后人参考引用。（参看沈家煊 2017d）

比附法也总是不分主次，以偏概全。比如，针对"汉语有别于英语，光杆名词可以直接做主宾语"这一基于事实的论断，有人反驳说，英语里也有光杆名词做主宾语的现象。这是典型的不分主次。英语确实也有这种情形，比如汉堡王的广告语 Taste is King，但是这种情形是次要的、特殊的、个别的，不像汉语里是主要的、一般的、全局的现象。正因为有这个主次之别，中国人学英语最常犯的错误就是名词前缺失冠词，而外国人学汉语，则不习惯使用光杆名词，不说"我背起书包回家"，而说"我背起我的书包回我的家"。再比如，针对"汉语动词无须名词化就可以做主宾语"这个论断，至今还有人反驳说，英语也有动词无须形态变化就充当名词的，如 work、strike、look 等，所以汉语动词做主宾语的时候是以零形式实现名词化。这也是主次不分，无视英语动词的这种情形只是极少数，而汉语几乎所有的动词都是这样。因为不分主次，于是过度生成，英语有动词的名词化，汉语也有动词的名词化，只不过是零形式的名词化。所以说，分清主次虽然道理简单浅显，实行起来却容易犯糊涂。

好的语法研究，总是同时遵循简单原则和分清主次的。沈家煊（2015a）以英语的动词形式和 V-ing 形式的分合情况为例说明了这一点。

传统英语语法体系给动词分出的"形式类"（form class）不下 30 个，分出这么多类别，对于动词形态变化十分丰富的语言，如拉丁语，是必要的，但是对当代英语而言是累赘和干扰，会引起对英语现状的严重曲解，因为英语动词的屈折形态经过长期的历史演变，已经衰变得相当简单。2002 年出版的《剑桥英语语法》，在进行同形合并后，只给英语动词分出这么几个形式类：动词原形（take，want，hit），现在时第三人称单数形式（takes，wants，hits），过去时形式（took，wanted，hit），动名词—现在分词形式（taking，wanting，hitting），过去分词形式（taken，wanted，hit）。同形合并的原则有两条：第一，没有严整的形态区别就不要区分不同的形式类。第二，个别的形态区别不要推广到全体。这两条原则分别体现"能简则简"和"分清主次"。

英语 V-ing 形式的分合也体现了这两个原则。传统英语语法中，动名词和现在分词是划分为两类的。而《剑桥英语语法》（2002）将两类合并为一类，即动名—现在分词形式，也叫 V-ing 形式，为什么要合并呢？因为原来分为两类的目的是要说明 V-ing 形式在名性或动性上的强弱差异——动名词的名性较强，现在分词的动性较强。然而英语的实际情形是，这种强弱的程度差异是连续性的，又十分复杂，分不清、分不尽，动名词和现在分词之间并不存在严整的、系统性的差别，夸克等人的《当代英语语法》曾以 painting 一词为例，列出 14 个用例来说明这一点。因此从传统英语语法到《当代英语语法》，再到《剑桥英语语法》，英语语法学家认识到，花精力在 V-ing 形式的类别区分上不是没有意义，但是意义不大，反而给英语语法带来不必要的复杂化（unmotivated complication），给语法研究带来累赘和干扰。总之，从传统语法到《当代英语详解语法》和《剑桥英语语法》，对于 V-ing 形式的分合，跟动词形式的分合一样，趋势也是由重"分"到重"合"，这背后的道理也是"能简则简"和"分清主次"。

在汉语语法学界，不少人比附传统英语语法区分动名词和现在分词，也给汉语的动词（当然也有动性或名性的强弱差别）分出不同的形式类，例如上文所说的，分出一个名性较强的名动词类来，想以此来概括动词在名性或动性上的强弱差别，但是结果不理想，也是分不清、分不尽。（沈家煊 2012b）出现这种现象，主要是不了解英语语法学家对 V-ing 形式早已抛弃"分"而采取"合"，不了解"由分到合"这个趋势背后的方法论理据。所以说，比附法流于表面，不科学，总是忽视"能简则简"的原则。而汉语"名动包含"格局，就是对"能简则简"和"分清主次"的方法论准则的实践。

5 尊重事实，尊重语感

语法研究必须尊重语言事实，尊重语感。"名动包含"格局正是在汉语中存在大量偏侧分布的语言事实的基础上提出来的。而尊重语感，则集中体现在对平行性原则的重视和应用。

5.1 偏侧分布的语言事实

名词和动词的偏侧分布是汉语的事实，也是汉语不同于"名动分立"的印欧语的重要特点，充分说明了汉语词类是"名动包含"格局。

偏侧关系（skewed relation），又称"扭曲关系""参差关系"，赵元任（1968：11，Chao 1959a）多次提到，它是指一种既对应又不对应的关系。甲对应 A，乙对应 B，这是一一对应关系。偏侧关系是甲对应 A 而乙既对应 B 又对应 A 的关系，是类包含关系。沈家煊（2016）列出了汉语名词和动词呈偏侧分布的五种情形，我们简单介绍如下。

第一种，名词做主宾语，一般不做谓语；动词既做谓语，也做主宾语。

名词和动词做句子成分时存在的这种偏侧关系，朱德熙（1985）就已明确提出。（参看本书3.1节）另外，方梅（2011）还提出了一个新的事实，即动词做主宾语的时候跟名词一样可以加"这"来加强指称：

我这**头痛**也有好多年了。——我这**头痛病**也有好多年了。

我就佩服他这**吃**，他可是太能吃了。——我就是佩服他这**饭量**，他可是太能吃了。

进一步说明了动词做主宾语不是一种特殊现象，而是动词本身的语法功能。

第二种，修饰名词用形容词，一般不用副词；修饰动词既用副词也用形容词。

这种偏侧分布决定了汉语的形容词既能做定语又能做状语，而副词只能做状语不能做定语。例如"快车"和"快走"中的形容词"快"，在"快车"中修饰名词"车"，做定语；在"快走"中修饰动词"走"，做状语。这跟印欧语的形容词一般只能做定语不同。

书写的时候，"的""地"二字的分布也是偏侧分布："的"既是定语的标记也是状语的标记，例如"我真的很爱你""这件事十分的容易"；而"地"只是状语标记，只能写"漂亮的衣服"，不能写"漂亮地衣服"。再如吕叔湘、朱德熙（1979）举的例子：

> 中国人民解放军的迅速（的、地）转入反攻，使反动派惊惶失措。
> 个别系统和单位只注意孤立（的、地）抓生产而忽视了职工生活。

书中说"有人只用'的'一个字"。如朱德熙（1985a：45—46）举的例子：

> 周密的想法（定语）
> 周密的调查一下/周密的调查这里的情况/已经周密的调查过了（状语）
> 进行周密的调查（定语）
> 周密的调查很重要（定语/状语）

定语和状语后面都用"的"。吕叔湘（1981）曾说，书写时刻意把"的"和"地"分开来，本来是"五四"

以后"主要由于翻译上的需要"，是受西语的影响。看早期白话文，《水浒传》里基本上只用"的"，个别地方用"地"；《红楼梦》和《儒林外史》全部用"的"。

这种偏侧分布和"名动包含"是直接相关的。形容词是名词的修饰语，名词包含动词，动词是名词的次类，所以形容词也能修饰动词；而副词是动词的修饰语，只能修饰动词。

第三种，否定名词用"没"，一般不用"不"；否定动词既用"不"，也用"没"。文言里否定名词用"无"，一般不用"未"；否定动词既用"未"，也用"无"。

　　*不车　　没车　　*未车　　无车
　　不去　　没去　　未回　　（有去）无回

换言之，"没"和"无"既能否定动词也能否定名词，跟英语 not 否定动词、no 否定名词的一一对应不同。这种偏侧分布跟"名动包含"格局也是直接相关。后面将进一步说明。

第四种，连接名词用"和"，一般不用"并"；连接动词既用"并"，也用"和"。"和"不仅用来连接两个名词性成分，也用来连接两个动词性成分，不管是双音还是单音。例如：

我们要**继承**和**发扬**革命的优良传统。

中央的有关文件，我们正在认真地**学习**和**讨论**。

多余的房子只能**卖**和**出租**。

老师讲的你要认真地**听**和**记**。

近代汉语的"和"也一样（转引自崔山佳 2013：346—364）：

野草凡不凡，亦应生**和**出。（唐·苏拯《凡草戒》）

容颜醉，厮**和**哄，一齐拼却醉颜红。（明·范受益《寻亲记》）

魂**和**梦，思**和**想，都做了泣凤哀猿。（明·高濂《玉簪记》）（此例连接名词和连接动词并列，更说明问题）

英语名词并列用 and，动词并列也用 and，看起来似乎表明英语对名动之分不敏感而汉语反而敏感，其实不是。英汉的首要差别是：英语名词和动词不能并列，汉语可以。例如"罪与罚"（一名一动），英语不能说 sins and punish，要说 sins and punishment；"傲慢与偏见"（一形一名），英语不能说 proud and prejudice，要说

pride and prejudice。

第五种，指代名词性成分用"什么"，一般不用"怎么样"；指代谓词性成分既用"怎么样"，也用"什么"。"怎么样"只能替代谓词性成分，"什么"既可以替代名词性成分，又可以替代谓词性成分。下面是朱德熙（2010：97）提供的例子：

替代名词性成分   替代谓词性成分

看什么？看电影。   看什么？看下棋。

怕什么？怕鲨鱼。   怕什么？怕冷。

考虑什么？考虑问题。 考虑什么？考虑怎么样把工作做好。

葡萄、苹果、梨，   唱歌、跳舞、演戏，
什么都有。   什么都会。

上面五种偏侧分布可以概括为：

名词对应分布位 A，动词既对应分布位 B 也对应分布位 A。动词出现在分布位 A 的时候跟它出现在分布位 B 的形式一样，不需要动词的名词化，因为名词所具有的那些语法性质动词都具有，反之则不然，这正是"名动包含"格局的特点。

这一系列偏侧分布告诉我们，在汉语里，当我们用"能/不能做主宾语""做定语/做状语""不/没""和/并""什么/怎么样"这些手段来测试一个语词是名词性还是动词性的时候，我们只能肯定它不具有动词性，但是不能肯定它不具有名词性。汉语的实词天然具有名词性，这就不难理解为什么吕叔湘（1942／1982：234）说，汉语的名词本身不受否定，即没有专门否定名词的否定词①；也不难理解朱德熙、卢甲文、马真（1961）和朱德熙（1985a：16）说，我们无法从正面给汉语的名词定下一个仅为名词所有的语法特点，因为所谓的名词的语法特点动词也都有，名词的语法特点其实是从反面讲的，就是名词一般不像动词那样做谓语。

5.2　结构平行性原则的运用

结构的平行性是朱德熙（1985a：31）提出并十分

---

① "没车"其实是"没有车"，"没"否定的是动词"有"。

重视的。朱德熙认为，本地人的语感来自结构的平行性，或者说，结构的平行性是本地人语感的表现，因此在建立和确定语法范畴的时候要遵循这条原则。沈家煊（2017b）进一步论证了，在构建语法体系的时候，决定形式类（词类）的分合和句法成分类的分合，都要以结构的平行性为依据。而重视结构的平行性，要着眼于大格局，不要纠缠于枝节。

　　对于汉语中三个常用的词语"是、有、在"的语法性质，大家有不同观点。当"是、有、在"后面带名词性宾语的时候，被看成动词，但是，当后面带动词性宾语的时候，有人把"是"定性为语气副词，把"有"定性为完成体标记，把"在"定性为副词或助动词。沈文指出，这是受印欧语眼光的支配，认为动词后面只能跟名词性成分导致的。而汉语动词后的宾语既可以是名词性成分，也可以是动词性成分，所以，我们不应该因为宾语类型的不同，而把它前面的动词看成是不同的东西。朱德熙（1982）就用结构的平行性原则，判定"是"和"没（有）"都是动词。

　　朱德熙（1982：105）指出，"是"字统一的语法性质就是判断动词，起强调作用。这一论断基于"他是买房子"跟"他是买房人""他想买房子"具有结构上的平行性，而跟"他也许买房子""他反正买房子"（"也许""反正"是语气副词）没有多少相似之处。

A（肯定）	B（否定）	C（问句）
他是买房人	他不是买房人	他是不是买房人
他想买房子	他不想买房子	他想不想买房子
他是买房子	他不是买房子	他是不是买房子

D（问句）	E（回答问题）
他是买房人不是	是－不是
他想买房子不想	想－不想
他是买房子不是	是－不是

"他也许/反正买房子"没有 B、C、D 这些说法。回答问题的时候虽然能单说"也许"，但是不能说"不也许"，平行的大格局不受影响。所以把"他是买房子"里的"是"定性为判断动词是合理的。用结构的平行性原则来给句法成分定性符合简单原则。吕叔湘（1979：41、81）也主张把"是"划归起强调作用的判断动词。

朱德熙（1982：71）同样通过结构的平行性原则，判定汉语谓词性成分前头的"没"和"没有"是动词而不是副词，以"没（有）孩子"和"没（有）去"的平行性为例：

A（肯定）　　　B（否定）　　　C（否定）

有孩子　　　　没孩子　　　　没有孩子

去了　　　　　没去　　　　　没有去

D（问句）　　　E（回答问题）

有孩子没有　　有-没有

去了没有　　　去了-没有

朱德熙解释说："通常认为体词性成分前边的'没'和'没有'是动词，谓词性成分前边的'没'和'没有'是副词。其实这两种位置上的'没'和'没有'的语法功能在许多方面都是平行的。""只有 A 项不平行（E 项的肯定形式也不平行，但这跟 A 项是一回事），可是有的方言里（例如粤语和闽南语）'没有+动词'的肯定形式正好是'有+动词'。从这些方面考虑，把谓词性成分前头的'没'和'没有'看成动词是合理的。"

　　在现代汉语中，一般的动词不能在"有"后面出现，只有名动词可以，如"有研究"（朱德熙 1982）。但是，在闽粤等多种南方方言中，"有+V"是一种常见句式，近些年这种方言句式开始逐渐进入普通话(王玲 2011)。"有+V"语义上也和普通话中的"V 了"大致相当(王冬梅 2014)。如：

我有去。/我去了

他有说出打架的原因吗？/他说出打架的原因

了吗？

"有"既可以表示物的存现，又可以表示事的存现。在表示物的存现的"我有书"和表示事的存现的"我有去"中，"有"都是存现动词。

"在"也是如此。根据结构的平行性原则，应该认定只有一个表示"处在"的动词。"他在厨房"是"他处在厨房的空间里"，"他在做饭"是"他处在做饭的过程（时间段）里"。"在"后面不管跟名词性宾语还是动词性宾语，都是动词。句法上，"在"可以跟一般动词一样受多种副词修饰，如"尚在沉吟、又在下雨、也在纳闷、还在锄地、早在焦急、都在讲话、正在推算、心里只在想着快乐"等。（张劼 2011）

沈家煊（2017b）指出，着眼于平行性格局，把"是""有""在"放在一起看，汉语谓语的指称性就显现出来：

他（是）杀了一条耕牛。

他（有）杀过一条耕牛。

他（在）杀着一条耕牛呢。

这三个句子中，"是、有、在"可以不出现，但是在需要强调的时候就可以出现。而强调，从本质上说就是增强指称性。所谓增强指称性，就是提高指称对象的可指别度（简称"可别度"），其实质是说话的人想让听者容易识别这个指称对象，把它跟其他的对象区别开来。（沈家煊、王冬梅 2000，沈家煊、完权 2009）也就是说，当"是、有、在"在句子中不出现的时候，后头的部分是句子的谓语，指称性不明显；出现的时候，谓语成为这几个动词的宾语，指称性就显现出来。对谓语进行否定的时候，既可以用"没有"，也可以用"不"，如：

> 他杀了一条耕牛。
>
> 他没有杀一条耕牛。
>
> 他不是杀了一条耕牛。

用"没有"否定的是谓语的述谓性，用"不是"否定的则是其指称性。这也进一步说明了汉语谓语兼具指称性和述谓性，是一种动态指称语。这恰恰是"名动包含"说的实质。

6 词类类型学的视野

6.1 "名动包含"格局丰富了词类系统的类型图景

6.1.1 类型学研究重点的词类类型转向和"阿姆斯特丹模型"

19世纪的语言类型学,其研究重点是词法类型,即从构词方式入手,把世界语言分成孤立语、黏着语、屈折语,或者分析语、综合语、多式综合语等类型。20世纪的语言类型学从研究词法的类型转移到研究词序的类型。近年来,类型学的研究范围又从词序的类型扩展到词类的类型。这是因为随着词序类型研究的深入,人们发现 SVO、SOV、AN、NA 等词序中 S(主语)、O(宾语)、V(动词)、N(名词)、A(形容词)这些范畴在不同语言里其实有很大的差异,不能一概而论,进而发现不同语言的词类系统有类型上的重要差别,忽视这方面的差别可以说是词序类型学的先天不足。因此有些语言类型学家开始建立跨语言词类比较的模型。

荷兰阿姆斯特丹大学理论语言学系教授 Kees Hengeveld 与其同事提出并逐渐完善的"阿姆斯特丹模型"是词类类型学研究的重要成果。完权、沈家煊（2010）对该模型进行了介绍，并指出了该模型的贡献和存在的问题。根据完、沈文，该理论的出发点是纯粹的词类功能主义立场。Hengeveld 提出一个词汇和功能槽位的组配表作为跨语言比较的基础：首先在第一层次用指称和述谓区分核心成分的类别名词和动词，然后在第二层次将附加的饰语分为形容词和副词（限方式副词）：

	核心（head）	修饰语（modifier）
述谓短语（predicate phrase）	动词（V）	方式副词（MAdv）
指称短语（referential phrase）	名词（N）	形容词（A）

上表中有纵横两组参项：述谓和指称是整个短语在句子中的功能，核心和修饰语是词在短语内的功能。由此就定义了四个功能槽位，填入这些槽位的词汇包含了所有可能的开放词类，其中方式副词（manner adverb）仅限于修饰主要谓语的副词，这就排除了对句子整体进行修饰的副词。而且为保证对原型功能的判定，填入四个功能槽位的四类词都必须是形式上无标记的。

根据这个组配表，词类系统被分成分化型和非分化型，非分化型又被分为柔性、刚性两种类型。英语是四个功能槽位都已经存在无标记、专门化词类的语言，例如：

The tall$_A$ girl$_N$ sings$_V$ beautifully$_{MAdv}$.

英语有明确的四类词分任四个功能，而且这四类实词不经过形态句法的调整不能直接用于其他功能，功能和词类之间的关系是严格一一对应的。这种类型的词类系统叫分化的（differentiated）系统。句法功能和词类没有一一对应关系的语言被分为柔性（flexible）和刚性（rigid）两种类型。在柔性系统中，有的词类的句法功能比较灵活，可以直接用于多个句法功能，即存在没有专门化的词类，比如土耳其语。在刚性系统中，每个词类都是专门化的，句法功能固定单一，但并非四个词类俱全，即有的功能槽位没有可以直接填入的词类。比如苏丹的 Krongo 语（尼罗-撒哈拉语系），有动词和名词，但是没有形容词和方式副词。

Hengeveld 等人的考察对象包括汉语，他们把汉语定性为刚性语言，认为汉语有专门化的名词和动词，没有形容词，后来又承认汉语有一个封闭的成员很少的形容词类。这显然是对汉语的事实不够了解，定性有误。汉语的事实是有一类词不加形式标记专门做指称短语的核心，如"人、桌子"，但没有一类词不加形式标记专门做述谓短语的核心而不做指称短语的核心，"打、聪明"等词，都是既可以直接做述谓短语的核心，又可以直接做指称短语的核心，即灵活应用于两个槽位。从这一点看，汉语应该是属于柔性系统的。

Hengeveld 等人的研究表明，英语那种名词、动词、形容词、副词四分的词类格局并不是人类语言普遍的词类格局，恰恰相反，这种格局是比较罕见的。各种语言的词类系统不仅不完全一致，而且有很大的差异。而词类分合的差异可能是造成语言之间差异的根源之一，词类分合参项是确定语言类型变异的一个重要参项。

6.1.2　Larson 的大名词观

生成语法学派虽然大多持名词、动词、形容词三者分立的假设，但是 Larson（2009）提出，汉语很可能跟一些伊朗语言一样，名词是一个包含动词和形容词在内的大名词类（super-noun category），这就是"拉森壳假说"（Larson's shell hypothesis）。

这个结论是根据生成语法的格（case）理论，拿汉语的"的"和一些伊朗语言的对当助词比照得出的。在那些伊朗语言里，跟汉语"的"相当的助词叫 ezafe，在定中结构里它附着在中心名词之后，而不是像"的"附着在定语之后。例如，汉语说"铁石-的丨心肠"，现代波斯语里是"心肠-EZ｜铁石"。这个 EZ 助词起核查格的作用,使前后名词性成分的格互相协调。已有的研究表明,对伊朗语言的 EZ 做这样的分析和定性在生成语法的理论框架里是合理的、简洁的。

汉语里的助词"的"只是跟 EZ 附着方向相反,语法性质和作用是一样的。举例来说:

> 爸爸的书　沉重的书　出版的书　出和不出的书
> 书的封面　书的沉重　书的出版　书的出和不出

按照朱德熙(1961),不管"的"前头的定语成分是名词、形容词还是动词,"的"都是"名词性语法单位的后附成分"(的₃)。Larson 进一步说,不管"的"前头的定语成分还是后头的中心语,也不管它们是名词、形容词还是动词,"的"都是使前后的名词性语法成分格协调的助词。在正统的生成语法的理论框架里,要把定语成分都分析为名词性成分,就必须假设"沉重、出版、(不)出"这些谓词性成分经历了关系小句化,或者假设它们由限定形式转化为非限定形式;要把中心语都分析为名词性成分,就必须假设"沉重、出版、(不)出"这些谓词性成分都经历了名词化,不然就违背中心扩展规约。这种"化"、那种"化",在汉

语里都违背简单原则，没有必要。有了 Larson 假设的
"大名词"，这些"化"都可以取消。

　　Larson 的做法给我们一个重要启示：简单原则凌驾
于不同学派之上，生成语法虽然假设名动分立，但这只
是个工作假设而已，在跟简单原则发生冲突的时候，这
个假设可以放弃。

　　汉语的名词性成分没有显性的格标记，在功能学派
看来，"的"统一的功能就是提高指别度（完权 2010），
格协调也是为了提高名词性成分的指别度。Larson 在论
证汉语大名词的时候一再强调，"只从汉语看汉语是看
不清汉语的"，这话十分有道理。

6.1.3　汤加语、他家禄语都是名词为本

　　汉语的大名词并不是一种非常特殊的现象，世界语
言中还存在其他以名词为本的语言。沈家煊（2012e，
2016）通过汤加语（一种南岛语）、他家禄语（属南岛
语）的情形说明了这一点。

　　根据沈文，1997 年，《语言类型学》杂志创刊号上
发表了 Broschart 研究汤加语的一篇文章，从文中列举的
事实可以看出，汤加语是名动基本不分，且以名词为本
的语言。第一，汤加语里大多数的词在词库里看不出来
是指称性的还是述谓性的，到了语句里加上冠词就都能
做指称语，加上时体标记就都能做述谓语。而且，加冠

词和时体标记是强制性的。例如：

> (1)　　　e　　　　tangatá
> 　　　ART.SPEC　　人.DEF①
> 　　　那个人
>
> 　　　　　　e　　　　'alú
> 　　　ART.SPEC　　去
> 　　　那个去
>
> (2) na'e　　kata　　（e　　tangatá）
> 　　PAST　　笑　　ART.SPEC　　人.DEF
> 　　（那个人）笑了。
>
> 　　'e　　　　'uha
> 　　FUT　　　雨
> 　　要下雨。

词库里的 tangatá（人）和 'alú（去）二词加上冠词 e
（e 是专指冠词，还有一个非专指冠词 ha）都成为指称
语，kata（笑）和 'uha（雨）二词加上时体标记（na'e
是过去时标记，'e 是将来时标记）都成为述谓语。再如：

---

① 例句和行文中出现的语法成分的缩写名词有：ABS＝通格，
ALL＝向格，ART＝冠词，CL＝量词，DEF＝定指，FUT＝将来
时，PAST＝过去时，PL＝复数，POSS＝领属格，PRES＝现在
时，PRST＝存现助词，SPEC＝特指，TOP＝话题标记。

(3) na'e 'alú (')a Sione ki kolo
PAST 去 ABS 肖纳 ALL 城
肖纳去城里了。

(4) ko e 'alú 'a Sione ki kolo
PRST ART 去 GEN.ALL Sione ALL 城
肖纳现正去城里呢。

例（3）是'alú（去）加过去时标记 na'e 做述谓语，而在例（4）里，'alú 又加冠词 e 做指称语指称"去"这个动作，前面的 ko 是一个表存现的助词，意思相当于"有"，'a 是领属格标记，相当于"的"，句子的字面解读是"现有肖纳的去城里"。例（4）里的'alú（去）并没有因为前加 e 而转化为名词，汤加语里没有什么动词的名词化，因为所谓的动词几乎全都可以前加 e 做指称语。这里，Broschart 遵循的原则就是简洁准则，"凡是在相同条件下，同类的词都可以这样用的，不算词类转变"（吕叔湘 1979：46）。注意，'alú 加冠词做指称语还是指称"去"这个动作，语义没有明显差别，这在汤加语里是普遍情形。

第二，汤加语指称事物的短语可以带时体标记做谓语，做谓语的时候本身仍旧是指称性质的。如：

> na'e　　Mekipefi　　'a　　Sione
>
> PAST　　麦克白斯　　GEN　　肖纳
>
> （那天）肖纳的麦克白斯。

这一句的意思是"那天是肖纳扮演麦克白斯"，'a 是一个相当于"的"的领属格标记，可比照汉语"昨晚马连良的诸葛亮"，指称性短语 Mekipefi 'a Sione（肖纳的麦克白斯）虽然加了过去时标记 na'e，但是它本身仍旧是个指称性的名词短语。

　　第三，汤加语表示动作的短语带时体标记的时候也具有指称性，从形式上（领属格标记）就可以分析为指称性短语。如上面例（3）那个句子 na'e alu (')a Sione ki kolo（肖纳去城里了）也可以定性为由指称"肖纳的去城里"的名词性短语加过去时标记组成，因为（')a 是领属格标记 'a 的变体。这就是说，汤加语里的述谓性短语其实都可以分析为指称性短语。

　　另外，沈家煊（2016）还介绍了 Kaufman（2009）关于菲律宾的他加禄语的相关研究，即所谓的动词性谓语其实都是名词性成分；所谓的动词语态词缀其实应该分析为名词的词缀；"主语+谓语"结构都是由一个隐形的系词联系起来的两个名词短语的组合。这样的分析不仅简洁，而且对共时和历时的语言事实都能做出合理的解释。

6.2 人类语言的词类循环模型

　　根据已有的研究，拉丁语是名动二分的语言，汤加
语是名动合一的语言。汉语"名动包含"格局的提出，
丰富了人类语言词类系统的类型图景，有助于词类类型
学研究的发展。沈家煊（2016）把这三种不同的词类系
统类型图示如下：

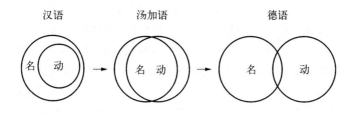

从上图可以看出，汉语中名词和动词没有互斥的部分，
动词还包含在名词里；汤加语中名词和动词大部分交
叉，小部分互斥；印欧语中名词和动词已经是大部分互
斥，只有小部分交叉。就像细胞分裂一样，印欧语（如
德语）的实词类已经裂变出两个相对独立的类——名词
和动词，汉语的实词类至今还没有出现这样的裂变，而
汤加语正处于这个裂变的过程之中。这个裂变过程也就
是词类的语法化的过程，即具体的语用范畴（指称语述

谓语）虚化为抽象的句法范畴（名词动词）的过程。所以，从语法化的程度来看，汉语是最低的，德语是最高的，汤加语处在介于二者之间的过渡阶段，即汉语<汤加语<德语。

从另一个角度看，汉语虽然在短语层面上已经有标记［+述谓］特征的形式（主要是表示时体的"了、着、过"），但是它们都还不是强制性的标记，更没有成为词形的一部分；汤加语里短语层面上这种标记形式已经成为强制性的，光杆词不加这样的标记就不能做述谓语，但是这种标记还没有成为词形的一部分；德语，特别是拉丁语里，这种时体标记不仅是强制性的，而且已经固化为词的形态标记。所以词类的语法化程度也是汉语<汤加语<德语。

跟德语、拉丁语相比，英语的屈折形态衰减的程度已经很高，因此英语是一种正在去语法化（degrammaticalized）的语言，名词和动词兼类的比例也已经相当高。根据以上种种，沈家煊（2016）对词类系统的类型演化提出一种新的见解：语言词类系统的类型演化是循环性的，英语是一种正在向汉语型语言回归的语言。这就是人类语言的词类循环模型，图示如下：

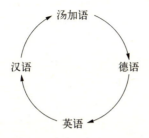

英语如果继续变下去，词的形态消失殆尽，就会变得跟古代汉语一样。现代汉语已经出现谓语后头的"了、着、过"，主语名词表示定指的时候在有的方言里要前加"只"或"个"，这可以视为汉语出现向汤加语演变的迹象。而古代汉语很可能也是更原始的汉语去语法化的产物，已经有证据表明，原始汉藏语动词的形态标记和名词化标记在上古汉语里有遗迹。（参看梅祖麟2011）

上面这个人类语言词类系统循环演变的模型虽然还有待进一步证实，但是作为一个假说提出来还是有价值的。而汉语词类的类型学价值则在于，它为该模型提供一个不可或缺的支点。

7 破和立

破除"名动分立"的旧观念，树立"名动包含"的新观念，意味着语法研究传统上一直很重视的名词和动词的区别并不那么重要，汉语语法有自己不同于印欧语语法的值得重视的方面。这将从根本上改进已有的汉语语法体系。

7.1 "是""有"大分野——汉语重视的区分

7.1.1 否定词的分合体现出词类格局的不同

一种语言否定词的分合跟名词动词的分合有密切关系，也直接体现出词类格局的不同。英语等印欧语中，名词和动词分立，否定词也不同。如英语中，名词的否定词是形容词 no，动词的否定词是副词 not。例如：

No teachers went on strike.（没有一个教师罢教。）

She had **no idea** what I meant. （她不理解我的
意思。）

The teachers did **not** go on strike.

She **didn't** have any idea what I meant.

对英语来说，否定词最重要的区分是否定名词还是
否定动词。这和英语名动分立的词类格局是一致的。而
汉语明显不同。我们比较下面的例子：

英语	He did not read it.	* He did no read it.
	* There's not books.	There's no books.
汉语	没书	没读
	* 不书	不读

英语否定名词和否定动词用不同的否定词。而汉语的否
定词"没"既可以否定名词，也可以否定动词，说明汉
语的否定词首先不是区分否定名词还是否定动词；"不"
只能否定动词，不能否定名词，说明汉语中的名词和动
词还是有区分的。这一点和汉语中名动包含的词类格局
是一致的。

汉语的否定词首先不是区分否定名词还是否定动
词，而是区分直陈否定还是非直陈否定（吕叔湘1942／

1982：234—242，龚波 2010）。直陈否定可称为有的否定，注意点在动词的事变性（有没有这件事）；非直陈否定即非有否定，注意点在动词的动作性（做不做这件事）（吕叔湘 1942／1982：238）：

> 他没（有）去。　（没有"他去"这件事）
> 他不去。　　　　（不做"他去"这件事）

"有没有这件事"是个"有无"问题，"做不做这件事"是个"是非"问题，所以汉语里"有"和"是"的区分很重要。而英语"他没去"是 He didn't go，"他不去"是 He won't go，都用 not 来否定，可见英语不注重直陈否定和非直陈否定的区分。

汉语注重区分"有"和"是"，但"有没有这样东西"和"有没有这回事情"不怎么区分，"是不是这样东西"和"是不是这回事情"也不怎么区分。表现在句法上，就是名词和动词能用同一个否定词，但动词有专用的否定词。也就是说，在否定名词还是否定动词上，汉语只做"有限的"区分。这和汉语的词类格局是一致的，汉语是"名动包含"格局，名词包含动词，动词是名词的次类，所以名动的区分不重要，可以用相同的否定词。但名词不都是动词，动词的否定词"不"只能否定动词，一般不否定名词。

7.1.2 "是""有"的表达英汉有别

"是"和"有"的区分在汉语中很重要，但在英语中情况不同。英语表达"是"的概念用 be，表达"有"的概念用 there be，仍然离不开 be。否定 be 是 be not，否定 there be 还是 there be not。可见英语里"是"和"有"是不怎么分的。英语里注重的是"有没有／是不是这样东西"（没有和不是都用 no）和"有没有／是不是这回事情"（没有和不是都用 not）的区分。

英语表达"是"的概念用 be，但是，be 除了表达"是"以外，还可以表示"有"，如：

There are many people in the park. 公园里有很多人。（表存在的"有"）

而汉语的"有"除了用 there be 表达以外，还可以用 have 来表达。英语中这两个词是有着严格区分的，there be 表存在，have 表拥有。例如：

There are many people in the park. 公园里有很多人。（表存在）

I have a dog. 我有一条狗。（表拥有）

　　而汉语从古到今，"有"字同时表"拥有"和"存在"（余霭芹 2009）。在中国人的心目中，"拥有"和"存在"有紧密的联系，可以互相转化（袁毓林等 2009，任鹰 2009），"X 拥有 Y"意味着"X 那儿存在着 Y"。可比较：

> 你还有多少钱？
> 你手里还有多少钱？

即汉语"有"不完全对应于英语 there be。"是""存在""拥有"三个概念的表达，英汉区别可以用下面的分合"地图"来表示：

概念	英语	汉语
是	be	"是"
存在		"有"
拥有	have	

英语 be 是一大块，包括"是"和"存在"两个概念；汉语"有"是一大块，包括"存在"和"拥有"两个概念。汉语里"有"是"有"，"是"是"是"，"有"和"是"是两个分立的概念，有否定词"没"和"不"

的区别为证。

7.1.3 汉语"有""是"大分野

汉语里"有"和"是"的分别很重要，王冬梅（2014）提供了丰富的例证，证明了在多种句式中，"有"和"了"是相通的，"是"和"的"是相通的，而"有"和"是"、"了"和"的"之间是对立的。转引部分例证如下：

（1）"是"和"的"在各种谓语里相通，都起"加强一个肯定"的作用：

是大白天，有什么可怕的？/大白天的，有什么可怕的？

黑是黑，白是白，黑白分明。/黑的黑，白的白，黑白分明。

他对工作是认认真真，一丝不苟。/他对工作认认真真，一丝不苟的。

我喝酒是自己花钱。/我喝酒自己花钱的。（我喝酒自己花的钱。）

（2）"有"和"了"在各种谓语里相通，都表示动作或状态的"从无到有"（实现）：

他有进步。／他进步了。

西藏我去过了。／西藏我有去过。

桌上放有一本书。／桌上放了一本书。

有去无回。／去了回不来。

（3）"是"和"有"在各种谓语里的分别，都是肯定和叙述的分别：

墙上是我写的诗。（不是别人写的）

墙上有我写的诗。（也有别人写的）

这条鱼是三斤。（只能是三斤）

这条鱼有三斤。（可以超过三斤）

是一个人慢慢走了过来。（主观判断）

有一个人慢慢走了过来。（客观叙述）

桌子上是书。／桌子上有书。

桌子上都是书。／＊桌子上都有书。（除非理解为多张桌子）

山上是座庙，还是一户人家。（这户人家就住在庙里）

山上有座庙，还有一户人家。（这户人家不一定住在庙里）

(4)"的"和"了"在各种谓语里的分别，也都是肯定和叙述的分别：

> 灯，他开的。
>
> 灯，他开了。
>
> 上个星期他来了。/上个星期他已经来了。
>
> 上个星期他来的。/＊上个星期他已经来的。
>
> 瓦特发明蒸汽机的。/不是瓦特发明蒸汽机的。
>
> 瓦特发明了蒸汽机。/瓦特没有发明蒸汽机。

同时，"是"和"有"在句子中同现的时候是有顺序的，只能是"是有"（如"是有这么回事"），不能是"有是"（如"＊有是这么回事"）。"有"的概念总是可以用"是"来表达①，而"是"的概念一般不能用"有"来表达。例如：

> 山上有座庙。到底有没有？有。是（有）。
>
> 山上是座庙。到底是不是？是。＊有。

"了"和"的"的同现虽然有"了的"和"的了"

---

① 据王健说，绩溪岭北方言把"你有几个孩子"说成"你是几个孩子"，"山上有座庙"说成"山上是座庙"，用"是"句表达"有"句的意思。

两种情形，但是"了的"仅仅表示肯定，而"的了"则表示一个肯定的实现，这个"了"一定是表判断语气的"了"。例如：

> 你们一辈子的温饱是没有问题了的。（"了"表示实际事情的实现）
>
> 你们一辈子的温饱是没有问题的了。（"了"表示一个判断的实现，带有语气①）

这是因为，对于一个叙述我们仍然可以加以肯定，而对于一个肯定我们很难再加以叙述。

上述对立是语法上叙述和肯定的分野，同时也是语义上"直陈"和"非直陈"的分野，语用上"是非"和"有无"的分野，三个分野在形式上都体现为"是/的"和"有/了"的分别。

肯定/是非/直陈	叙述/有无/非直陈
"是/的"	"有/了"

上述分野在古汉语中也是存在的，形式标记是"也"和"矣"。这说明汉语的语法、语用、语义并不

---

① 这个"了"定性为"言域"或"知域"的"了"（肖治野、沈家煊 2009）。

是各自独立的，而是密切联系在一起的。如果我们脱离了名动包含模式，这个重要的分野是很难看清楚的。

7.2 汉语大语法包含韵律

汉语大语法除了包含语法、语义、语用，也是包含韵律的。沈家煊（2017e）从英汉对比的角度出发，深入论述了这一点。

英语的韵律语法是韵律和语法的交集，汉语的韵律语法是（大）语法的一个子集，包含在大语法之内。图示如下：

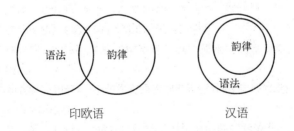

印欧语　　　　　　　　　汉语

英语的节奏是以轻重的区分为本。词的重音位置确定之后，相邻重读音节的时间间隔要大致相等，如果其间的非重读音节多，发音速度就要快一些，说得紧凑一些。如：

The moon is in the sky. It is far and high.

上例 moon-is-in-the 四个音节就要比 far-and 两个音节念得快些紧凑些，形成两个大致等音长的片段，这就叫"重音定时"（stress-timing），轻重控制松紧。而重音都在音步的起首音节，标示音步的边界，这种韵律单位的边界和语法成分的边界契合度很低。因为构成音步的音节除单音节词以外，大多没有意义，语法成分中的轻音节在构成音步的时候容易发生自然脱离和错位，如上例 moon is in the、far and 等都构成音步，但都不是语法单位。而且这种脱离和错位是常态。因此，英语不能随意在长句中加逗号（停顿），如果加在语法成分的边界，就跟韵律单位的边界不合；如果加在韵律单位的边界，就跟语法成分的边界不合。可见英语中韵律是韵律，语法是语法，韵律语法是韵律和语法的交界。

和英语不同，汉语的节奏属于音节计数或音节定时型，音节（字）同时是语法和韵律的基本单位，节奏变化主要是音节与音节组合的松紧变化。这是汉语的音节特点决定的。汉语以字为基本单位，每个字都是形、音、义、用的结合体；字与字的轻重变化很小，字与字组合的松紧伸缩度大。所以，字与字组合的松紧变化（韵律）必然反映语法、语义、语用上的松紧

变化，沈家煊（2012）把这种必然的反映关系称为
"松紧象似"，也叫"虚实象似"。所以，汉语的语法是
个大语法，韵律包含在这个大语法之中，正是松紧虚
实的对应关系，把韵律、语法、语义、语用联系起
来。沈家煊（2017）把这种象似关系区分为基本的和
派生的，如下表：

基本的松紧虚实象似

	虚 松	紧 实
韵 律	单音 l 节	双音 l 节
语 法	动词、虚字	名词、实字
语 义	内涵单调	内涵丰富
语 用	轻灵随意	沉着稳重

单双区分是汉语最基本、最重要的区分，以这个单双象
似为基础，派生出单双组配象似和轻重格式象似，就韵
律和语法来说就是：

派生的松紧虚实象似

	虚 松	紧 实
韵 律	[1+2] ˌXˈX	[2+1] X.X
语 法	名词性定中	动词性述宾

需要指出的是，节律的松紧虚实和语法、语义、语用之间不是一一对应的，而是扭曲对应。如，重轻格 [**X.X**]（紧实）的"煎.饼、劈.柴"一定是复合名词，但是次重-重格 [ˌ**X'X**]（虚松）的"ˌ煎'饼、劈'柴"可以是动词短语也可以是复合名词。再如，词汇的语义类和语法的形式类之间的松紧虚实对应也是扭曲关系，词汇语义上"战争"的内涵丰富，"战斗"的内涵简单；"战争"只是名词不是动词，"战斗"既是动词也是名词。图示如下：

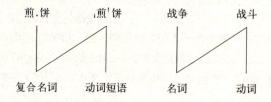

沈家煊（1999）指出，扭曲对应是形式和意义之间联系的普遍状态和正常状态，符合语言演变形义不同步的规律：形式的演变滞后于意义的演变，原来的意义滞留在新的形式中。跟一一对应相比，扭曲对应具有更充分的解释力，它不仅解释共时现象，同时也解释历时过程。

正因为汉语单双音节和单双组配方式的区分同时反映语义、语法、语用上的松紧差别，所以沈家煊（2011，2012）说，韵律手段是汉语自身的一种重要形态手段。这引起我们对主流语法理论的反思。主流理论认为，语音、语法、语义是三个独立的模块，语法部分处理完毕后，得出的结果输入语音部分进行拼读，输入语义部分进行解读，相邻模块之间有交界面。然而从汉语的事实看，这个假设的普遍性值得怀疑。可以说，至少在汉语里，它的语法是个大语法，包含韵律和语义（广义的语义包括语用），语音、语法、语义三个层面不是截然分开、互相割裂的，三者之间的联系主要不是靠什么交界面，而是靠松紧虚实的投射对应关系，而且这种对应是符合语言演化规律的扭曲对应。换句话讲，对汉语这样的语言，更加适用的理论不是横向模块之间的界面理论，而是一种纵向层面之间的投射理论。而且这种投射通常是直接的，没有实现的过程，即一个层面实际是由另一个层面构成的。就韵律和语法而言，韵律是语法的构成部分。①

7.3 汉语的语法离不开用法

吕叔湘、朱德熙早在 1979 年出版的《语法修辞讲话》"序言"中就指出，汉语的语法是离不开用法的。

―――――――――

① 相关内容可参阅本丛书中柯航著《韵律和语法》。

传统的汉语语法研究往往把语法和语用区别开来讲，这是受印欧语影响所致。沈家煊（2016，2017c）指出，印欧语语法认为语法和语用分立，而汉语用法包含语法，语法是用法的一个子集，即"语法也是用法，用法不都是语法"。区别可以图示如下：

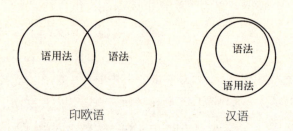

印欧语　　　　　　　汉语

沈家煊（2016）还通过具体的例子说明了汉语里语用变化往往同时也是语法变化，语法变化就包含在语用变化之中，汉语离开了用法就没有办法讲语法，或者没有多少语法可讲，因为所谓的语法范畴、语法单位都是由语用范畴、语用单位构成的。

本书 2.2 节"'名动包含'的实质"部分介绍过名词和动词的例子：印欧语名词、动词属于语法范畴，指称、陈述属于语用范畴，名词做指称语，动词做述谓语，需要有一个指称化或者述谓化的过程；而汉语中的名词直接实现为指称语，动词直接实现为述谓语。所以汉语语法和用法是不能分开的。

沈文还列举了其他例子，如朱德熙在比较汉语和拉丁语的词序的时候，举例说，"保罗看见了玛丽"在拉丁语里可以有六种说法（朱德熙 1985a：3）：

Paulus vidit Mariam.　　Mariam vidit Paulus.

Paulus Mariam vidit.　　Mariam Paulus vidit.

Vidit Paulus Mariam.　　Vidit Mariam Paulus.

拉丁语里词序的变化导致语用变化，如话题、焦点、视角的变化，而"主—动—宾"这个语法结构保持不变。汉语的词序变化不仅引起语用变化，还引起语法结构的变化。例如：

我不吃羊肉。（"主—动—宾"结构）

羊肉我（可）不吃。（"主—主谓"结构）

再看下面的例子：

a. 今儿怪冷的。

b. ?今儿冷。

朱德熙（1985a）把 a 和 b 的对立看成是语法上的对立，

并据此把"冷"划归性质形容词,"怪冷的"划归状态形容词,这也是目前大家都接受的观点。然而,"今儿冷"在对举着说或回答问题的时候是可以说的,如:

今儿冷,昨儿暖和。

今儿冷不冷?今儿冷。

那么,上述 a 和 b 的对立应该是语用上不合适,不是语法上不合格。而且类似的例子在汉语中大量存在,如果都看成用法问题,汉语就没有多少语法可讲了。从用法包含语法的角度来看,这类问题既是语法问题,也是用法问题。此外,沈家煊(2006b,2009d)、刘探宙(2009)都说明了生成语法中非作格动词和非宾格动词的对立,在汉语中不是语法对立而是语用对立;张伯江(2009)论证了生成语法里的 D 范畴(限定成分)在汉语里的属性是语用属性,而不是语法属性;张伯江(2011)还论证了汉语句法结构的语序实质上反映的是语用结构的语序。

沈家煊(2017c)通过主语(subject)和话题(topic)这对范畴做了进一步论证。在西方语言中,主语属于语法范畴,话题属于语用范畴,概念上各自独立,不可混淆。例如,英语 The 'play I saw yesterday 一句（play 重读），the play 是话题不是主语，I 是主语不是话题，有形态为证（主语跟谓语要形态一致）。而汉语"戏我昨天看的"一句，汉语学界早已接受赵元任的观点和分析，认为"戏"是大主语，"我"是小主语，不管大小都是主语，因为汉语的主语其实就是话题，是话题的一种。

总之，西方语言学语法和语用分立，只是小有交集，交集的部分叫语法—语用界面；而汉语语法是用法的一个子集，用法包含语法，所以没有一个语法—语用界面。汉语语法学界提倡的三个平面研究，应该把语法、语义、语用结合起来而不是分离开来。

7.4　汉语大语法体系雏形

破除"名动分立"的旧观念，树立"名动包含"的新观念，将从根本上改进已有的汉语语法体系。沈家煊（2016，2017e）为我们描述了一个汉语大语法体系的雏形。从大的方面来说，这个大语法体系有着下面几个特点：第一，这个语法体系是大语法，是语法、语义、语用、韵律的综合，如果分开研究就破坏了它的完整性。第二，名词和动词的区别并不那么重要，客观叙述和主观判断、直陈和非直陈、定性和摹状的区分是这个

大语法的大分野。第三，注重类包含的普遍性，除了
"名动包含"之外，定语和状语、宾语和补语、主语和
话题等包含关系也受到重视，研究重点从两个范畴的对
立关系转移到对待关系上来，重视形式和意义之间的偏
侧对应而不是一一对应，重视范畴语法化的研究，共时
和历时不能断然分开。第四，重视用法和章法的研究。
汉语语法就是用法，用法包含语法，所以大语法重视用
法和章法研究，重视零句的独立性和"流水句"的并置
性和指称性。第五，重叠、双音化、单双音节的组配方
式都是汉语不同于印欧语的重要形态手段，具有综合性
的特点，讲结构类型必须联系重读轻读、音节的单双和
单双组配来讲。第六，重视句类和结构类型研究。汉语
的句类首先区分直陈式和非直陈式，区分"有"句和
"是"句，区分客观叙述和主观判断。句子和词组是一
套结构原理，各种复杂的组合是类型有限的几种结构
（联合、主谓、述补、偏正）层层叠套的产物。句型的
研究把重点从横向的结构变换关系转移到竖向的同构映
射关系上来。

8 汉语语法理论的哲学基础

前面几节对汉语词类相关问题的梳理表明，语言单位之间是分立关系还是包含关系，是汉语和印欧语最重要的差别。沈家煊（2017c）从中西方语言的差别出发，在对语言事实精准把握的基础上，进一步阐明这一差别有着深刻的哲学背景，体现了中西方在范畴观上的不同。本节将简单介绍沈文的核心观点。

8.1 中西方范畴观的不同

中西方范畴观的不同主要体现在，"西方强调甲乙分立才是两个范畴，中国强调甲乙包含就有两个范畴"。这是沈文的核心观点，包含着两个互相联系的眼点，一个是"分立"还是"包含"，另一个是"是"还是"有"。

目前学术界已有的两种范畴观——离散范畴观和连续范畴观，都是西方学者提出来的。前者认为范畴是离散的（discrete），即甲是甲、乙是乙，离散范畴由一些客观的特征或必要充分条件界定。在语言学界，以乔姆斯基为代表的语言理论家就持这种范畴观。例如，他们认为名词是名词，动词是动词，名词的界定特征为[+名性]，动词的界定特征为［+动性］，［+名性］或［+动性］都是"为此范畴所有而它范畴所无"的语法特征。后者强调范畴是连续的（continuous），甲和乙之间没有明确的分界，存在许多过渡状态。范畴成员没有共同特征，只有家族相似性。以莱考夫为代表的认知语言学家持这种范畴观。例如，他们认为名词和动词之间存在一个由名性最强到动性最强的"连续统"，有许多程度不等而又难以划分清楚的阶段。前文已经介绍过，建立在这两种范畴观基础上的汉语语法研究，无论是"名动分立"还是连续统，都存在无法解决的矛盾和问题。

沈文强调，汉语研究要尊重语言事实，回归和重视甲乙包含的范畴观。沈文指出，一对非等同关系的范畴，除了可以是非此即彼的分立关系，还可以是非排斥的包容关系。分立跟离散类同，但是包含不同于连续，连续范畴虽然中间是连续的，但两头还是明显分立的，和包含范畴有着本质的不同。包含关系中，如果甲包含乙，则乙是甲的子集，所有的乙都是甲，但并非所有的甲都是乙。以词汇概念为例，英语 male 和 female 的关系属于甲乙分立，man 和 woman 的关系属于甲乙包含。

　　着眼于分立和包含的区别能更好地说明中西方在语言上的差异。西方的语言（指印欧语）及对语言的研究以范畴的分立为常态，中国的语言（指汉语）及对语言的研究以范畴的包含为常态，有下面几大表现：第一，语言和文字。西方语言和文字分立，语言学和文字学分立。而中国语言和文字是包含关系，语言包含文字，文字也属于语言。第二，语法和用法。西方语言学中，语法（grammar）受规则的支配，是自足的系统，和用法是两个性质完全不同的范畴。例如，名词、动词属于语法范畴，指称、陈述属于语用范畴，二者不可混淆。然而汉语的语法是用法的一个子集，用法包含语法（见本书 7.3 节）。第三，语法和韵律。西方语言学中，语法和韵律是两个分立的范畴，二者不相契合，韵律语法就是研究二者之间的映射关系的。而汉语语法包含韵律，韵律语法是语法的一个子集（见本书 7.2 节）。第四，名词和动词。西方语言是"名动分立"的，而汉语是"名动包含"（见本书第 2 节）。第五，构词成分。在西方构词成分中，词根和词缀是分立关系；而在汉语构词成分中，词根与根词是包含关系，根词包含词根，词根是根词内逐渐形成的具有一定程度的附着性（不能单用）的一个次类。

着眼于"是"还是"有",是西方哲学和中国哲学的另一个区别。西方哲学围绕 being（是/存在）进入形而上的思辨,而中国先秦名家则通过对"有"的反思而进入形而上的思辨,"有无"概念是中国传统哲学本体论中的核心概念。甲乙分立是范畴的"是"观,两个分立的范畴才是两个范畴。甲乙包含是范畴的"有"观,即甲包含乙,乙属于甲,甲乙是"异而同"的,既是一个范畴又是两个范畴。甲乙包含格局虽然没有"一分二",但已经"一生二"（老子语）,"生"就是从无到有,所以虽然不好说"是"两个范畴,但是已"有"两个范畴。"是"观是静态的恒在观,"有"观是动态的"变在"观。中国的范畴观因此是动静相济,是历史先后和逻辑先后的统一。表现在语言上,就是"是""有"的表达中外有别（见本书 7.1 节）,"是""有"大分野是汉语最重视的分野（王冬梅 2014）。

8.2 关于更好地"表述自己"

由于历史的原因,国际语言学界居于主导地位或影响较大的语言学理论大多是西方语言学家提出,是基于印欧语,特别是英语的视角的,也是建立在西方哲学的基础上的。"名动包含"的词类观的提出,解决了汉语语法研究受印欧语影响导致的很多根本性矛盾，丰富了世界语言词类系统的类型图景，为世界语言类型演变研究提供了新的思路，在语言理论界发出了中国声音。沈文基于汉语语言事实，提出并说明了中西方两种不同的范畴观，有助于我们摆脱"他们无法表述自己，他们必须被别人表述"的尴尬状态，能在更广的领域、更高的层次中更好地"表述自己"，做出中国学者应有的贡献。

中西方的两种范畴观同样都是人类思想的结晶，是互补的，没有高低对错之分。反映在语言上，印欧语和汉语在表情达意上也各有各的长处和短处：印欧语好在精确和规整，汉语好在单纯和灵活，没有高低优劣之别。近现代以来，随着中西方交流的增加，汉语和其他语言也相互取长补短，简洁的汉语在吸收印欧语精确规整的表达方式的同时，也以自己的方式影响着其他语言。

从哲学的角度来说，哲学上讨论的概念差异需要在语言形式上找到证据，不结合语言事实来谈论哲学概念是空疏之谈，这是语言学家，也是一部分哲学家共同的看法。基于汉语事实提出的甲乙包含的范畴观，可以使我们对中国哲学里的"天人合一、体用不二、有生于无、物犹事也"这些命题有更加深入的理解，认识到

"天—人，人—圣，用—体，器—道，无—有，物—事"这些成对出现的重要的哲学概念，都是动态的、由一生二的甲乙包含关系。在中国人的心目中，这种包含关系、变在关系是常态而不是非常态或过渡态，世界本来就是这个状态。而且，从这个角度可以将中国哲学"和而不同"的哲学意蕴阐释得更清晰，即"和"与"同"不一样，"同"是简单的同一，不能容"异"，"和"不但能容"异"而且必须有"异"，才能称其为"和"。也就是说，中国人心目中的世界图像不是二元分裂的，而是和谐一体的。

9 解释一些具体问题

从"名动包含"的词类格局出发，不仅汉语语法体系的不自洽得以消除，而且很多具体的问题也可以得到合理的解释。

9.1 标记理论的深化

"名动包含"说受语言标记理论（markedness theory）的启发，也有助于标记理论的深化。

语言学中的标记理论发源于音位学，其中的有标记项和无标记项是对立关系，即有标记项是对特征 F 的肯定，无标记项是对特征 F 的否定。如/b/是对特征［带声］的肯定，/p/是对这一特征的否定，二者互相排斥。后来扩展到形态学，区分了标记模式的两种情形，一种是 male 和 female 的对立，跟音位/b/和/p/的对立相同，male 是对特征 F［阴性］的否定，female 是对特征 F［阴性］的肯定。还有一种就是 man 和 woman 的对待，有标记项 woman 肯定了特征 F［阴性］，无标记项对特征 F［阴性］不做规定，不肯定也不否定。对立关系区分有标记项和无标记项，对待关系区分有标记项和未标记项。包含格局也就是对待关系。汉语语法"名动包含"格局的确立，说明了对无标记和未标记两种情形的区分是值得重视的（见本书 3.2 节），进一步扩展深化了标记理论。

标记理论还有一个新的进展是"标记颠倒"说，也与"名动包含"说互相印证。标记颠倒（markedness reversal）现象，即一个主范畴和一个包含其中的次范畴在标记性上相反的情形。举例来说，"管家"是无标记词项，"女管家"是有标记词项，这适用于一般表示职业职位的名词，如"司机、经理、校长、大使"等。但是有一小部分这样的名词情形相反，如"护士、保姆"是无标记词项，"男护士、男保姆"是有标记词项。这就是标记颠倒现象。沈家煊（1999a）曾用这该理论来描写和解释汉语中语法范畴的种种不对称现象。

沈家煊（2016）论证了标记颠倒理论和"名动包含"说是互相印证的。汉语名性词语和动性词语在单双组配上呈现标记颠倒。名词性的定中结构以［2+1］为常态，动词性的述宾结构以［1+2］为常态。例如：

名词性定中　煤炭店／*煤商店　手表厂／*表工厂　复印纸／*印纸张　出租房／*租房屋

动词性述宾　抄文件／*抄写文　造房子／*建造房　买粮食／*购买粮　看大戏／*观看戏

这个标记颠倒也可以用一主一次两个自然配对来表示：

	自然配对（主）	自然配对（次）
单双组配	［2+1］	［1+2］
语法结构	名词性定中	动词性述宾

形容词做定语出现跟名词、动词做定语相反的单双组配方式，这也是一种标记颠倒现象。在"名动包含"格局里，名词是个大名词类，包含动词和形容词，所以在常态定中结构［2+1］里充当中心的单音词是不论名词、动词还是形容词的。如果首先把形容词视为大名词内部的一个特殊次类，它除了具有一般名词（含动词）具有的［指称］特征，还特别具有［修饰］特征，这样就可以说它跟一般名词（含动词）形成标记颠倒格局，并且得到一主一次两个无标记配对：

	自然配对（主）	自然配对（次）
名　词	纸板房 [2+1]	纸房子 [1+2]
动　词	卷曲发 [2+1]	卷头发 [1+2]
形容词	冷空气 [1+2]	寒冷意 [2+1]

汉语名性词语和动性词语在单双组配上呈现标记颠倒，这是因为动性词语是名性词语的一个局部性次类。名词（含动词）和形容词（属性词）在做定语的时候在单双组配上也呈现标记颠倒，这也是因为汉语的形容词是名词（含动词）的一个局部性次类。反过来说，这两个局部的标记颠倒证明汉语名、动、形三类实词的关系是两个包含关系。换言之，标记颠倒理论和"名动包含"说互相印证。

9.2　关于"实词不实"

《马氏文通》刊行之前，中国的语言学已有"实字""虚字"之分，但虚实之间并没有明确的界限，虚实是相对而言的，虚字都从实字演化而来。而且这种虚化是不彻底的，虚化后仍然保留部分的实义。如介词相对动词而言是虚词，汉语里的介词"几乎全都是由动词变来的"（吕叔湘 1979）；动词相对名词而言也是虚词，清代袁仁林在《虚字说》里就把名词做谓语这一现象称为"实字虚用，死字活用"，如"春风风人、夏雨雨人、解衣衣我、推食食我"里的第二个"风、雨、衣、食"是"实字虚用"。可以说，实词和虚词这对范畴，在西方语言里是分立关系，在汉语里是包含关系，即虚词包含在实词中，在实词中形成。这一点和"名动包含"说是一致的，从"名动包含"的角度来说，名词包含动词，动词是虚化名词。

　　然而，《马氏文通》及其后的语法研究，虽然继承了传统的虚实之别，但由于受到印欧语甲乙分立观的影响，对二者之间的包含关系并不重视，而是人为地把实词和虚词分立，并造成"实词不实"的状况。朱德熙（1982：39）是这样说明"实词"的："汉语的词可以分为实词和虚词两大类。从功能上看，实词能够充当主语、宾语或谓语。"即名词和动词分立，上位统归为实词。这个说明得到了语法学界的认可，一直被沿用至今。

　　然而，朱德熙说"从功能上看，实词能够充当主语、宾语或谓语"，这个"功能"并不是实词的语法特点。其中的"或"字，如果理解为"合取"，那么汉语事实上只有动词符合这个说明，名词不符合，因为名词一般不能做谓语；"或"字如果理解为"析取"，那就等于说"名词和动词统称实词"。"名词和动词统称实词",这不是实词的定义。"实词"的内涵是空洞的,实词不实。

实词不实带来的后果有两个:第一,实词的范围无法确定,无法从反面定义名词。在传统语法体系中,找不到仅为名词所有而为其他词所无的语法特点,所以名词实际上是从反面定义的,即"一般不能做谓语、不受副词修饰"的词。简单地说,汉语名词的定义是"它不是动词"(详见本书1.1节)。有人以为,只要给动词一个正面定义,确定它的语法特点,也就把名词的范围给界定了。但是,这样说的前提是实词要有一个正面的定义,确定了实词的范围,去掉其中的动词,剩下的就是名词了。既然实词的范围无法确定,那么也就无法从反面定义名词。第二,实词不实,则"虚实二类的分别,实用意义也不是很大"(吕叔湘1979:35)。然而,中国语文的传统却是很早就区分虚实,并且十分重视虚实的区分(尽管有不同的区分方式)。显然,这种分别是有意义的。

而在以名词为本的"名动包含"格局里,上述问题都迎刃而解。首先,传统所说的名词可以从反面定义。受数量词修饰和做主宾语是大名词(包含动词)的语法特点,大名词和动词都有了明确的定义后,大名词去除动词后的那部分词（传统所说的名词，即小名词）是无须从正面定义的，而且只能从反面定义，即它一般不能做谓语。汉语的实词就是大名词，即指称事物、动作、属性的词，这个实词才是有实在内涵的，即具有特征[+指称性]。实词是"实"的，实就实在它的指称性。

9.3　双音化的功能问题

关于双音化的功能，传统的看法是动词名化，即单音动词本来没有名性，双音化之后才具有名性，如单音动词"攻、击"没有名性，双音化后"击打、攻击"有了名性。沈家煊（2016）称之为"旧双音化"说。旧双音化说立足于"名动分立"格局，存在两方面的问题：第一，否认了单音动词虽然动性强但是也具有名性。本书第4节说明了这一点。第二，不能解释单音名词为什么双音化。

沈家煊（2016）提出了"新双音化"说，认为双音化的功能不是动词名化，而是"增强名性，减弱动性"，即增名减动。古汉语中，很多单音名词发展出了动词用法，能够做谓语，而且可以带宾语，如"车水、衣人、坑之、树德、母天下"等。然而这些单音名词变为双音的"汽车、车辆、衣服、泥坑、树木、母亲"之后，就失去或减弱了这种动词用法。据此可以说，名词的双音化起到了增强名性的作用。因为动词是名词的次类，所以，动词双音化的语法作用也应该是增强名性。新双音化说对动词和名词都起作用，解决了旧双音化说的问题。具体说就是，动词双音化的作用是使原来有名性的单音动词名性增强，因而能容纳单音动词虽然动性强但是也具有名性这一重要事实；名词双音化的作用是减弱单音名词已经派生的动性，因此能够涵盖单音名词双音化后增强了名性这一事实。

沈文还进一步指出，双音化的增名减动就是增实减虚。名为实、动为虚，古人就持这一看法，如清代袁仁林在《虚字说》里说"春风风人、夏雨雨人、解衣衣我、推食食我"里的名词"风、雨、衣、食"是"实词虚用"。当今认知语言学的观点是，动词用作主宾语的时候，就是将抽象、虚灵的动作看作具体、实在的事物，也就是"视虚为实"。因此双音化的语法作用可以用"充实"二字来说明，图示如下：

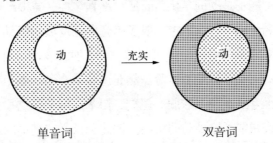

单音词   双音词

上图中散点"从无到有"和"由疏变密"都代表"充实"。以单音词为主的古代汉语，上图左边空白小圈代表名词中一个较虚的次类——动态名词（"击"为代表），有散点的部分是静态名词（"车"为代表）。图中双音词一端，那个有疏散点的小圈也是一个较虚的次类——动态名词（"攻击、击打"为代表），但是相对单音词里的小圈有所充实（名性增强）；散点密集的部分（"汽车、车辆"为代表）是单音静态名词经双音化充实（动性减弱）后变得更实的产物。现代汉语单音词和双音词并存，不管是动态名词还是静态名词，都是单音词的名性相对弱，对应的双音词名性相对强。

本书第 6 节从类型学和语法化的角度介绍，动词这个类是从名词这个大类里逐渐分化出来的，是一部分名词的虚化在词形上固定下来的产物。汉语里实际发生的是两股势力持续的交互作用：一股势力是名词（包括静态、动态）不断向动词虚化，但是一直没有形成一个独立的动词类；另一股势力是双音化使有所虚化的名词（包括静态、动态）再度充实，向实在名词回归。

双音化的语法作用可以概括为充实，双音化形成的单双区分和单双组配（单双—双单）区分，具有区分松紧虚实的作用。正是这种松紧虚实的映射关系，把汉语的语音、语义、语法的联系起来（见本书 7.2 节）。所以，双音化和由此带来的单双区分，可以看成是汉语自身的一种语法形态，不仅反映共时的现实，而且解释历时的过程。

9.4　关于谓语的指称性

关于谓语的指称性，首先要明确的一点是，说"谓语有指称性"，不是说"谓语是兼有指称性的述谓语"，而是说"谓语是通常兼有述谓性的指称语"，也就是说，所有的谓语都是指称语。关于这一点，沈家煊（2016，2017d）从赵元任的零句说推导得出（见本书3.1节），并着眼朱德熙提出的"平行性原则"进行了进一步的论证（见本书5.2节）。本小节对下面两个问题进行说明：第一，名词做谓语受限制和汉语谓语的类型不受限制不矛盾。第二，从谓语的指称性可以对汉语名词做谓语的情形给出合理的解释。

朱德熙（1985a：5）指出，名词要"在一定条件下"才能充当谓语，即名词做谓语是受限制的。这一点是目前语法学界的共识。赵元任（1968：53—57）又说，汉语谓语的类型不受限制。二者看起来似乎是对立的，但是，名词做谓语受限制是相对于动词做主宾语来说的，谓语的类型不受限制，指的是谓语既可以是动词性的，也可以是名词性的，所以二者并不矛盾。

汉语中名词动用和动词名用是不对称的关系，简单地说，就是动词名用是一般现象、常规现象，而名词动用是特殊现象、修辞现象。据王冬梅（2010）的统计，现代汉语里动词名用的实例是名词动用实例的 57 倍。①古代汉语里名词动用比现代汉语里的多，但是相对动词名用仍然是少数，是特殊现象。王克仲《古汉语的词类活用》（1989）一书专讲古汉语里的词类活用，讲的大多是名词动用，动词活用为名词讲得很少，而且都是讲动词转指相关事物（如"死"转指"死者"，"居"转指"居所"）。这也说明，古汉语中名词动用是非常规的，动词名用是常规现象。陈承泽在《国文法草创》（1982：66—69）里说，动词名用如"白马之白"的"白"、"惠公之卒"的"卒"是"本用的活用"，词性没有发生变化；而名词动用如"晚来天欲雪"的"雪"、"火烟入目目疾"的"疾"是"非本用的活用"，词性已经发生变化。这是很精辟的见解。这种不对称在其他语言中也是存在的。可以从认知上进行解释：首先，

---

① 王文的"动词名用"包含动词已经变成名词的例子，如"领导"；"名词动用"包含名词已经变成动词的例子，如"坑人"。

人对事物和动作的认知有差异，事物概念可以独立，完全可以想象一个事物而不联想到动作；相反，动作概念总是依附于相关的事物，不可能想象一个动作而不同时联想到跟动作有关的事物。动词名词化，如"吃"变为"吃的"，在概念上并没有增加什么成分，因为"吃"这个概念已经包含"吃的人"和"吃的东西"；相反，名词动词化，如"奶孩子"中的"奶"，概念上肯定要增加些什么。其次，我们指称动作，即动词名用，是把抽象的活动当作一个具体的实体，符合用具体概念隐喻抽象概念的认知规律。但是没有特殊原因我们不会将具体的实体当作抽象的动作来看待。所以动词名用是一般现象，而名词动用是特殊现象。

汉语谓语的类型不受限制，指的是谓语既可以是动词性的，也可以是名词性的。而且，汉语名词谓语句的数量和种类要比我们原先想象的多得多，除了和其他语言一样都有的修辞用法的名词动用（如"奶孩子、袋了一盒火柴"），还有非修辞用法的（如"今天星期一"）。后一种可以说是汉语的特点。除了赵元任（1968），陈满华（2008）、张姜知（2013）等也都有详细描述。从做谓语的名词的种类上看，除了普通名词（如"今天晴天"）、数量词（如"血压140"）、偏正短语（如"小王黄头发"），还有：

专名	丁先生吗？我月亭。
代词	喂，你哪儿？｜这个什么呀？｜你谁啊？！
"的"字结构	这本书他的。｜他一个卖菜的。

名词谓语句的句式种类也不少，如：

对举式	你一言，我一语。｜初一饺子，十五汤圆。
N+了	他都大学生了。｜我们老朋友了。
N₁的 N₂	会议老王的主席。｜今晚马连良的诸葛亮。
N 就 N	坏的就坏的吧。｜七天就七天呗！
数量分配	三个人一间房。｜每天三趟班车。

只要有一定的语境，几乎所有的名词都可以进入"X了"和"X呢"格式，如"小王了"（轮到小王了）、"小王呢"等。还有一些句式，特别是含"的"字结构的，只要打破原来的分析习惯，就是名词谓语句或名词性的零句，例如"我买的票""他去年生的孩子""谁为你做的嫁衣"。"这本书的出版"在对举的时候也能做谓语，如"今天这本书的出版，明天那本书的

出版"。

名词谓语句的表达功能虽然以判断为主，但也有其他，陈满华（2008：88）将其分为四类：

判断类	你笨蛋。| 老王上海人。
描写类	她，长长的头发，大大的眼睛。
说明类	老鼠眼睛一寸光。| 姐姐北大，妹妹清华。
叙事类	他一年一本书，真是多产作家。| 您这样花法，一辈子也还不清的。

能够修饰名词谓语的副词不少，主要有三类（陈满华 2008：66）：

表范围	全，只，都，整整，整个儿，统统
表时间	才，都，就，已经，刚，刚刚
表语气	简直，究竟，到底

古代汉语里名词谓语句经常以"也"字煞尾，但是不用"也"的也不少，用"也"是强调判断。诗词和楹联经常是名词连缀成句，如"枯藤老树昏鸦，小桥流水人家，古道西风瘦马"（马致远《天净沙·秋思》），

"鸡声茅店月，人迹板桥霜"（温庭筠《商山早行》），
"千朵红莲三尺水，一弯明月半亭风"（苏州闲吟亭联句）。俗语中，名词谓语与动词谓语并列的例子非常多（陈满华2008：193—201）：

> 官家想一想，银子一千两。
>
> 剥削钱，在眼前；血汗钱，万万年。
>
> 大吵三六九，小吵天天有。
>
> 冬雪丰年，春雪讨嫌。
>
> 肚里一两油，满脸放出光。

郭绍虞（1979：667、709）认为，汉语仅仅有少数名词性成分做谓语的说法不完全合适。

这些都说明，名词做谓语是汉语中常见的现象。这个特点的重要性不亚于"动词可以直接做主宾语"。英语的动词虽然不能"直接"做主宾语，但是毕竟可以通过词形变化来实现。然而在跟"他北京人"类句子相对应的句子里，英语的名词无法通过词形变化来做谓语，必须借助系动词。能不能做比能不能直接做更加重要。从这个角度看，可以说，汉语和英语的主要差别在于名词能不能直接做谓语，而不在动词能不能直接做主宾语。

对这个现象，在传统的名动分立的格局里通常解释

为名词活用为动词。在这一解释中，词类要转来转去，在实用方面使得"词类的特点模糊了"，在理论方面"要面对词无定类、类无定词以至实词不能分类的结果"（吕叔湘 1954，沈家煊 2016）。而从汉语句子的谓语有指称性这一特点出发，这一现象就很容易理解了：汉语的名词可以直接做谓语，不是因为名词有述谓性，而是因为汉语的谓语有指称性。

另外，从谓语的指称性出发，也可以解释名词受副词修饰的问题，如"这个人也黄头发"。因为谓语有指称性，通常说的谓词性结构其实都是"动态体词性结构"，这意味着它兼具述谓性，所以可以受副词修饰。这也意味着，汉语的状语其实是动态定语。

9.5　形容词地位的重新审视

过去讨论形容词的地位，出发点是"名动分立"，名词和动词分立两端，然后看形容词靠近哪一端，即默认印欧语的"名—形—动"模式（Dixon 2004）具有普遍性，也是适用于汉语语法的。然而，从类型学上来看，名词和动词之间的关系并不是只有分立一种，还有汤加语这种名动基本不分和汉语这种包含关系。所以，建立在"名动分立"基础上的"名—形—动"模式并不具有普遍性，也是不适用于汉语的。这也是过去的语法研究对形容词地位看法不同的原因。如赵元任（1968：292）视形容词为动词的一个次类，因为形容词跟动词一样能直接做谓语，能受"不"修饰。沈家煊（1997）、张伯江（2011b）则认为形容词和名词的区别并不比它和动词的区别大多少，从某些方面看更靠近名词。如做定语的时候，单音形容词和单音名词更接近，单音名词做定语的数量比单音动词大得多（如"假老虎"接近"纸老虎"，而跟"打老虎"相去甚远）。

　　从"名动包含"的格局出发，形容词是靠近名词还是动词的问题在汉语里就显得不那么重要，汉语名词（含动词）和修饰词的区分是主要分野。汉语语言事实正是支持这一点的。汉语名词、动词、形容词不管是单音还是双音，重叠后都能变为状态形容词，如：

层	层层的叶子中间点缀着些白花。
飘	飘飘白雪飞扬在空中。
白	把脸抹得白白的。
山水	山山水水地画个不停。
摇摆	花儿在风中笑得摇摇摆摆。
大方	衣服要穿得大大方方的。

（华玉明 2008）

单音的名、动、形加 XX 也都变成状态形容词，如：

> 夜沉沉、情切切；
> 笑眯眯、滴溜溜；
> 冷冰冰、圆滚滚。

（沈家煊 2016）

就连重叠的 X 本身也可以是名、动、形三类。这些重叠中后置的 XX 也可以前置，前置在方言里很常见，如上海话就说成：

> 漆漆黑　雪雪白　冰冰冷　笔笔直　喷喷香
> 滚滚圆　彤彤红

（沈家煊 2016）

另外，施其生（1997，2011）、林华勇（2011）也举例说明，名、动、形重叠后描摹状态的情形在方言里十分普遍。

根据以上事实，沈家煊（2016）指出，从语法体系来讲，如果把名、动、形三类词通过重叠而形成的状态形容词，单单跟形容词定为一个类就不合理。合理的做法是，把状态形容词改称摹状词，可简称"状词"，名、动、形都归属大名词。汉语首先在第一个层次区分大名词和摹状词，第二个层次再在大名词内区分名、动、形（性质形容词）。区分名、动、形的时候，从摹状上看，首先把形容词跟名词、动词区分开来，最后才有限地区分名词和动词（名动包含）。

"名动分立"格局中，名词、动词分立，其修饰成分形容词和副词也是分立的，形成名、动、形、副四大词类分立的格局，如英语词类格局就是如此。而汉语是名动包含格局，既然动词也是一种名词，那么副词和形容词也不是分立关系。如果把修饰大名词的词即形容词改称饰词或通用饰词（静态名词和动态名词都能修饰），那么副词就是一种副饰词，即一般只修饰动态名词的饰词。总体上看，汉语和英语的词类格局呈现如下差异：

英语　　　　　　　　汉语

英语名词和动词是主要分野（图中粗黑线），形容词和副词的区分是根据这个主要分野来定的。汉语名词（大名词）和饰词（通用饰词）是主要分野（图中粗黑线），名词和动词的区分、饰词和副饰词的区分都是有限的，名词包含动词（动名词），饰词包含副饰词。因此，汉语里副词只能做状语（这跟印欧语一样），而形容词既能做定语又能做状语，这是汉语跟印欧语的重要区别所在。

参考文献

陈承泽（1982），《国文法草创》（新 1 版），北京：商务印书馆。

陈国华（2009），从"的"看中心语构造与中心语的词类，《外语教学与研究》第 2 期。

陈满华（1997），"VO 的 N"转化为同义粘合式偏正短语的规则，《汉语学习》第 1 期。

陈满华（2008），《体词谓语句研究》，北京：中国文联出版社。

陈宁萍（1987），现代汉语名词类的扩大，《中国语文》第 5 期。

陈平（1987），释汉语中与名词性成分相关的四组概念，《中国语文》第 2 期。

陈平（1994），试论汉语中三种句子成分与语义成分的配位原则，《中国语文》第 3 期。

陈庆汉（1996a），"N 的 V"短语的句法分析，《河南大学学报》第 4 期。

陈庆汉（1996b），"N 的 V"短语的句法、语义、语用研究综述，《华中师范大学学报》第 2 期。

陈群（1998），谈谈名词活用的表达效果，《修辞学习》第

3 期。

陈晓（2009），论"这个、那个+VP"特殊结构，《南开语言学刊》第 2 期。

陈小荷（1999），从自动句法分析角度看汉语词类问题，《语言教学与研究》第 3 期。

程工（1999），名物化与向心结构理论新探，《现代外语》第 2 期。

崔山佳（2013），《汉语欧化语法现象专题研究》，成都：巴蜀书社。

邓思颖（2006），以"的"为中心的一些问题，《当代语言学》第 3 期。

丁声树、吕叔湘等（1961），《现代汉语语法讲话》，北京：商务印书馆。

董晓敏（1987），"N 的 V"功能类别质疑，《九江师专学报》第 3 期。

董秀芳（2004），"是"的进一步语法化：由虚词到词内成分，《当代语言学》第 1 期。

范开泰（1995），关于汉语语法三个平面分析的几点思考，载《语法研究与探索》（七），北京：商务印书馆。

范晓（1992），VP 主语句——兼论"N 的 V"作主语，载《语法研究与探索》（六），北京：语文出版社。

方光焘（1997），《方光焘语言学论文集》，北京：商务印书馆。

方梅（2011），北京话的两种行为指称形式，《方言》第 4 期。

龚波（2010），从假设句的否定形式看甲骨文中的"勿""弜"与"不""弗"之别，《中国语文》第 2 期。

郭锐（2002），《现代汉语词类研究》，北京：商务印书馆。

桂诗春（1995），从"这个地方很郊区"谈起，《语言文字应用》第3期。

洪波（2008），周秦汉语"之s"的可及性及相关问题，《中国语文》第4期。

胡附、文炼（1954），词的范围、形态、功能，《中国语文》第8期。

胡明扬（1995），现代汉语词类问题考察，《中国语文》第5期。

胡明扬（1996），兼类问题，载《词类问题考察》，北京：北京语言文化大学出版社。

胡裕树（1995），《现代汉语》（重订本），上海：上海教育出版社。

胡裕树、范晓（1985），试论语法研究中的三个平面，《新疆师范大学学报》第3期。

胡裕树、范晓（1992），有关语法研究三个平面的几个问题，《中国语文》第4期。

胡裕树、范晓（1994），动词形容词的"名物化"和"名词化"，《中国语文》第2期。

黄伯荣、廖序东（2011），《现代汉语》（增订五版），北京：高等教育出版社。

黄和斌（2014），质疑"两个问题"与"一个难题"——对布氏向心结构观的认识，《外国语》第4期。

黄正德（1988），说"是"和"有"，中国台湾《"中研院"历史语言研究所集刊》第59本第1分。

黄昌宁、姜自霞、李玉梅（2009），形容词直接修饰动词的"a+v"结构歧义，《中国语文》第1期。

黄昌宁、李玉梅（2009），评动、名兼类词的四种划分策略——来自语言工程的观察，《语言学论丛》第 40 辑。

何乐士（1989），《左传》的［主·"之"·谓］式，载《〈左传〉虚词研究》，北京：商务印书馆。

何乐士（1997），《左传》《史记》名词作状语的比较，《湖北大学学报》（哲学社会科学版）第 4 期。

何乐士（2000），《世说新语》的语言特色——《世说新语》与《史记》名词作状语比较，《湖北大学学报》第 6 期。

华玉明（2008），汉语重叠功能的多视角研究，南开大学博士学位论文。

蒋严（1998），语用推理与"都"的句法/语义特征，《现代外语》第 1 期。

金立鑫（1987），关于向心结构定义的讨论，《语文导报》第 7 期。

柯航（2007），现代汉语单双音节搭配研究，中国社会科学院研究生院语言系博士学位论文。

柯航（2018），《韵律和语法》，上海：学林出版社。

黎锦熙（1924 / 1992），《新著国语文法》，北京：商务印书馆。

李宇明（1986），所谓的"名物化"现象新释，《华中师范大学学报》第 3 期。

李宇明（1996），非谓形容词的词类地位，《中国语文》第 1 期。

李艳惠（2008），短语结构与语类标记："的"是中心词?《当代语言学》第 2 期。

李宗江（1991），汉语中的向心结构与离心结构，《解放军外语学院学报》第 4 期。

李佐丰（2004），《古代汉语语法学》，北京：商务印书馆。

黎锦熙（1955），词类大系——附论"词组"和词类形态，《中国语文》第 5 期。

黎锦熙、刘世儒（1959），《汉语语法教材》，北京：商务印书馆。

林华勇（2011），廉江粤语的两种短语重叠式，《中国语文》第 4 期。

刘慧清（2005），名词做状语及其相关特征分析，《语法教学与研究》第 5 期

刘宋川、刘子瑜（2006），"名·之·动/形"结构再探讨，载《语言学论丛》（三十二辑），北京：商务印书馆。

刘探宙（2009），一元作格动词带宾语现象，《中国语文》第 2 期。

刘探宙、张伯江（2014），现代汉语同位同指组合的性质，《中国语文》第 3 期。

陆丙甫（1981），动词名词兼类问题——也谈辞典标注词性，《辞书研究》第 1 期。

陆丙甫（1985），名物化问题异议种种，《语文导报》第 7 期。

陆俭明（1994），关于词的兼类问题，《中国语文》第 1 期。

陆俭明（2003），对"NP+的+VP"结构的重新认识，《中国语文》第 5 期。

吕叔湘（1954），关于汉语词类的一些原则性问题，《中国语文》第 9 期。

吕叔湘（1979），《汉语语法分析问题》，北京：商务印书馆。

吕叔湘（1981），关于"的、地、得"和"做、作"，《语文

学习》第 3 期。

吕叔湘（1942/1982），《中国文法要略》（重印本），北京：商务印书馆。

吕叔湘（1984），关于汉语词类的一些原则性问题，载《汉语语法论文集》（增订本），北京：商务印书馆。

吕叔湘主编（1996），《现代汉语八百词》，北京：商务印书馆。

吕叔湘（2002），语法研究中的破与立，载《吕叔湘全集》（第十三卷），北京：商务印书馆。

吕叔湘、朱德熙（1952），《语法修辞讲话》，北京：中国青年出版社。

吕叔湘、朱德熙（1979），《语法修辞讲话》（第二版），北京：中国青年出版社。

梅祖麟（2011），从形态到语法——上古汉语的两种表达方式，在中国社会科学院语言研究所的演讲。

马建忠（1898/1983），《马氏文通》（新 1 版），北京：商务印书馆。

马真（1983），关于"都/全"所总括的对象的位置，《汉语学习》第 1 期。

潘海华（2006），焦点、三分结构与汉语"都"地语义解释，《语法研究和探索》（十三），北京：商务印书馆。

潘海华、陆烁（2013），DeP 分析所带来的问题及其可能的解决方案，《语言研究》第 4 期。

潘慎（1996），古代汉语中无词类活用，载《语文新论》，太原：山西教育出版社。

彭可君（1990），谓词性宾语补议，《语言教学与研究》第 1 期。

彭可君（1992），关于陈述和指称，《汉语学习》第 2 期。

裘荣棠（1994），名动词质疑——评朱德熙先生关于名动词的说法，《汉语学习》第 6 期。

任鹰（2008），"这本书的出版"分析中的几个疑点，《当代语言学》第 4 期。

任鹰（2009），领属与存现：从概念的关联到构式的关联——也从"王冕死了父亲"的生成方式说起，《世界汉语教学》第 3 期。

沈家煊（1997），形容词句法功能的标记模式，《中国语文》第 4 期。

沈家煊（1999a），《不对称和标记论》，南昌：江西教育出版社。

沈家煊（1999b），语法化和形义间的扭曲关系，载《中国语言学的新开拓》（石锋、潘悟云主编），香港：香港城市大学出版社。

沈家煊（1999c），"在"字句和"给"字句，《中国语文》第 2 期。

沈家煊（1999d），转指和转喻，《当代语言学》第 1 期。

沈家煊（2006a），"语法隐喻"和"隐喻语法"，载《语法研究和探索》（十三），北京：商务印书馆。

沈家煊（2006b），"王冕死了父亲"的生成方式——兼说汉语糅合造句，《中国语文》第 4 期。

沈家煊（2007a），汉语里的名词和动词，《汉藏语学报》第 1 期。

沈家煊（2007b），也谈"他的老师当得好"及相关句式，《现代中国语研究》第 9 期。

沈家煊（2008），"移位"还是"移情"？——析"他是去年生的孩子"，《中国语文》第 5 期。

　　沈家煊（2009a），我看汉语的词类，《语言科学》第 1 期。

　　沈家煊（2009b），我只是接着向前跨了半步——再谈汉语的名词和动词，《语言学论丛》第 40 辑。

　　沈家煊（2009c），汉语的主观性和汉语语法教学，《汉语学习》第 1 期。

　　沈家煊（2009d），"计量得失"和"计较得失"——再论"王冕死了父亲"的句式意义和生成方式，《语言教学与研究》第 5 期。

　　沈家煊（2010a），从"演员是个动词"说起——"名词动用"和"动词名用"的不对称，《当代修辞学》第 1 期（创刊号）。

　　沈家煊（2010b），"病毒"和"名词"，《中国语言学报》第 14 期。

　　沈家煊（2010c），英汉否定词的分合和名动分合，《中国语文》第 5 期。

　　沈家煊（2010d），如何解决补语问题，《世界汉语教学》第 4 期。

　　沈家煊（2011a），朱德熙先生最重要的学术遗产，《语言教学与研究》第 4 期。

　　沈家煊（2011b），从"优雅准则"看两种"动单名双"说，第三届两岸三地现代汉语句法语义小型研讨会（北京）论文。

　　沈家煊（2011c），从韵律结构看形容词，《汉语学习》第 3 期。

　　沈家煊（2012a），关于先秦汉语名词和动词的区分，《中国语言学报》第 15 期。

　　沈家煊（2012b），"名动词"的反思：问题和对策，《世界汉语教学》第 1 期。

沈家煊（2012c），论"虚实象似"原理——韵律和语法之间的扭曲对应。CASLAR（Chinese as a Second Language and Research）1（1）：89–103. de Gruyter, Mouton.

沈家煊（2012d），"零句"和"流水句"——为赵元任先生诞辰 120 周年而作，《中国语文》第 5 期。

沈家煊（2012e），名词和动词：汉语、汤加语、拉丁语，《现代中国语研究》（日）第 14 期。

沈家煊（2013a），谓语的指称性，《外文研究》第 1 期（创刊号）。

沈家煊（2013b），科斯学说对语言学的启示，《南开语言学刊》第 2 期。

沈家煊（2014a），如何解决状语问题，《语法研究和探索》第 17 辑，商务印书馆。

沈家煊（2014b），汉语的逻辑这个样，汉语是这样的。——为赵元任先生诞辰 120 周年而作之二，《语言教学与研究》第 2 期。

沈家煊（2014c），汉语"名动包含说"，载《英汉对比与翻译》（第二辑），上海：上海外语教育出版社。

沈家煊（2015a），形式类的分与合，《现代外语》第 1 期。

沈家煊（2015b），走出"都"的量化迷途：向右不向左，《中国语文》第 1 期。

沈家煊（2015c），词类的类型学和汉语的词类，《当代语言学》第 2 期。

沈家煊（2015d），汉语词类的主观性，《外语教学与研究》第 5 期。

沈家煊（2016），《名词和动词》，北京：商务印书馆。

沈家煊（2017a），汉语有没有"主谓结构"，《现代外语》第 1 期。

沈家煊（2017b），"结构的平行性"和语法体系的构建——用类包含讲汉语语法，《华东师范大学学报》第 4 期。

沈家煊（2017c），从语言看中西方的范畴观，《中国社会科学》第 7 期。

沈家煊（2017d），"能简则简"和"分清主次"——语言研究方法论谈，《南开语言学刊》第 2 期。

沈家煊（2017e），汉语"大语法"包含韵律，《世界汉语教学》第 1 期。

沈家煊（2017f），汉语"名动包含"格局对英语学习的负迁移(未刊)。

沈家煊（2017g），《〈繁花〉语言札记》，南昌：二十一世纪出版社。

沈家煊、完权（2009），也谈"之字结构"和"之"字的功能，《语言研究》第 2 期。

沈家煊、王冬梅（2000），"N 的 V"和"参照体-目标"构式，《世界汉语与教学》第 4 期。

沈家煊、乐耀（2013），词类的实验研究呼唤语法理论的更新，《当代语言学》第 3 期。

沈家煊、张姜知（2013），也谈形式动词的功能，《华文教学与研究》第 2 期。

沈家煊、柯航（2014），汉语的节奏是松紧控制轻重，《语言学论丛》第 50 辑。

施关淦（1981），"这本书的出版"中"出版"的词性——从向心结构理论说起，《中国语文通讯》第 4 期。

施关淦（1988），现代汉语里的向心结构和离心结构，《中国语文》第 4 期。

施其生（1997），论汕头方言中的"重叠"，《语言研究》第 1 期。

施其生（2001），汉语方言中词组的"形态"，《语言研究》第 1 期。

石定栩（2004），名物化、名词化与"的"字结构，《中国语言学论丛》第 3 辑。

石定栩（2008），"的"和"的"字结构，《当代语言学》第 4 期。

石定栩（2011），《名词和名词性成分》，北京：北京大学出版社。

司富珍（2002），汉语的标句词"的"及相关的句法问题，《语言教学与研究》第 2 期。

司富珍（2004），中心语理论和汉语的 DeP，《当代语言学》第 1 期。

司富珍（2006），中心语理论和"布龙菲尔德难题"，《当代语言学》第 1 期。

宋柔（2009），从语言工程看汉语词类，载《语言学论丛》（第 40 辑），北京：商务印书馆。

宋柔、邢富坤（2011），再从语言工程看汉语词类，载《语言学论丛》（第 44 辑），北京：商务印书馆。

宋文辉（2006），上古汉语"N 之 V"结构再考察，中国语言学会第十三届年会（秦皇岛）论文。

宋文辉（2018），《主语和话题》，上海：学林出版社。

宋绍年（1998），古汉语谓词性成分的指称化与名词化，载《古汉语语法论集》，北京：语文出版社。

孙德金（1995），现代汉语名词做状语的考察，《语言教学与研究》第 4 期。

完权（2010a），《"的"的性质与功能》，中国社会科学院研究生院博士学位论文。

完权（2010b），语篇中的"参照体-目标"构式，《语言教学与研究》第 6 期。

完权（2011），事态句中的"的"，《中国语文》第 1 期。

完权（2015），作为后置介词的"的"，《当代语言学》第 1 期。

完权（2018），《说"的"和"的"字结构》，上海：学林出版社。

王冬梅（2010），《现代汉语动名互转的认知研究》，北京：中国社会科学出版社。

王冬梅（2014），从"是"和"的"、"有"和"了"看肯定和叙述，《中国语文》第 1 期。

王克仲（1988），古汉语的"NV"结构，《中国语文》第 3 期。

王克仲（1989），《古汉语的词类活用》，长沙：湖南人民出版社。

王洪君（1987），《汉语自指的名词化标记"之"的消失》，载《语言学论丛》（第十四辑），北京：商务印书馆。

王还（1983），all 与都，《语言教学与研究》第 4 期。

王还（1988），再谈谈"都"，《世界汉语教学》第 2 期。

王力（1943），《中国现代语法》，北京：商务印书馆。

王力（1980），《汉语史稿》（中册），北京：中华书局。

王力（1989），《汉语语法学史》，北京：商务印书馆。

王玲（2011），句法结构的定量分析——以"有+VP"格式为例，《汉语学习》第 8 期。

王远杰（2008），定语标记"的"的隐现研究，首都师范大学博士学位论文。

吴长安（2006），"这本书的出版"与向心结构理论难题，《当代语言学》第 3 期。

吴长安（2012），汉语名词、动词交融模式的历史形成，《中国语文》第 1 期。

吴继光（1987），动词做谓语 VS 句，《徐州师范学院学报》第 4 期。

项梦冰（1991），论"这本书的出版"中"出版"的词性：对汉语动词形容词名物化的再认识，《天津师范大学学报》第 4 期。

邢福义（1997），"很淑女"之类说法语言文化背景的思考，《语言研究》第 2 期。

熊仲儒（2005），以"的"为核心的 DP 结构，《当代语言学》第 2 期。

徐枢（1991），兼类与处理兼类时遇到的一些问题，载《语法研究与探索》（第 5 辑），北京：语文出版社。

许立群（2018），《从"单复句"到"流水句"》，上海：学林出版社。

杨成凯（1987），小句作宾语的划界问题，载《句型和动词》，北京：语文出版社。

杨成凯（1991），词类的划分原则和谓词的"名物化"，载《语法研究与探索（五）》，北京：语文出版社。

杨成凯（1992），广义谓词性宾语的类型研究，《中国语文》第 1 期。

姚振武（1994），关于自指和转指，《古汉语研究》第 3 期。

姚振武（1995），现代汉语的"N 的 V"与上古汉语的"N

之 V", 《语文研究》第 2—3 期。

姚振武（1996），汉语谓词性成分名词化的原因及规律，《中国语文》第 1 期。

余霭芹（2009），如何结合方言和古代文献研究汉语的历史——以"有"的用法为例，中国社会科学院语言研究所演讲稿。

袁毓林（1995a），词类范畴的家族相似性，《中国社会科学》第 1 期。

袁毓林（1995b），谓词隐含及其句法后果——"的"字结构的称代规则和"的"的语法语义功能，《中国语文》第 4 期。

袁毓林（2003），从焦点理论看句尾"的"的句法语义功能，《中国语文》第 1 期。

袁毓林（2005a），基于隶属度的汉语词类的模糊划分，《中国社会科学》第 1 期。

袁毓林（2005b），"都"的语义功能和关联方向新解，《中国语文》第 2 期。

袁毓林等（2010a），汉语和英语在语法范畴的实现关系上的平行性——也谈汉语里名词/动词与指称/陈述、主语与话题、句子与话段，《汉藏语学报》第 4 期。

袁毓林（2010b），汉语不能承受的翻译之轻——从去范畴化角度看汉语动词和名词的关系，载《语言学论丛》第 40 辑，北京：商务印书馆。

袁毓林等（2009），"有"字句的情景语义分析，《世界汉语教学》第 3 期。

乐耀（2017），汉语名词和动词的心理学实验研究综观，载《语言学论丛》（第 55 辑），北京：商务印书馆。

张斌（2010），《现代汉语描写语法》，北京：商务印书馆。

詹卫东（1998a），关于"NP+的+VP"偏正结构，《汉语学习》第2期。

詹卫东（1998b），"NP+的+VP"偏正结构在组句谋篇中的特点，《语文研究》第1期。

詹卫东（2012），从语言工程看"中心扩展规约"和"并列条件"，《语言科学》第5期。

詹卫东（2013），计算机句法结构分析需要什么样的词类知识——兼评近年来汉语词类研究的新进展，《中国语文》第2期。

张伯江（1993），"N的V"结构的构成，《中国语文》第4期。

张伯江（2009），汉语限定成分的语用属性，《中国语文》第3期。

张伯江（2011a），汉语的句法结构和语用结构，《汉语学习》第2期。

张伯江（2011b），现代汉语形容词做谓语问题，《世界汉语教学》第1期。

张伯江（2013），汉语话题结构的根本性，载《木村英树教授退休纪念 中国语文法论丛》（日），白帝社。

张姜知（2013），体词谓语句和汉语词类，中国社会科学院研究生院博士学位论文。

张劼（2011），普通话副词"在"源流考辨，《语言教学与研究》第1期。

张敏（2001），从类型学和认知语言学的角度研究语法化——实例分析之二：上古汉语定语标记"之"的语法化（未刊）。

张敏（2003），从类型学看上古汉语定语标记"之"语法化的来源，载《语法化与语法研究》（一），北京：商务印书馆。

张世禄（1959），古汉语里的偏正化主谓结构，《语文教学》（华东）第 11 期。

张雁（2001），从《吕氏春秋》看上古汉语的"主·之·谓"结构，《语言学论丛》（二十三辑），北京：商务印书馆。

张中行（1992），《诗词读写丛话》，北京：人民教育出版社。

赵元任（1979），《汉语口语语法》（吕叔湘节译），北京：商务印书馆。

赵元任（1959/2002），《汉语语法与逻辑杂谈》，白硕译，载《赵元任语言学论文集》，北京：商务印书馆。

周国光（2005），对《中心语理论和汉语的 DP》一文的质疑，《当代语言学》第 2 期。

周国光（2006），括号悖论和"的 X"的语感——"以的为核心的 DP 结构"疑难求解，《当代语言学》第 1 期。

周韧（2012），"N 的 V"结构就是"N 的 N"结构，《中国语文》第 5 期。

周韧（2014），汉语词类划分应重视"排他法"，《汉语学习》第 1 期。

周韧（2015），兼类说反思，《语言科学》第 5 期。

朱德熙（1956），《现代汉语形容词研究：形容词的性质范畴和状态范畴》。

朱德熙（1980），《汉语语法丛书》总序，见《马氏文通》（新 1 版），北京：商务印书馆。

朱德熙（1982），《语法讲义》，北京：商务印书馆

朱德熙（1983），自指和转指——汉语名词化标记"的、者、所、之"的语法功能和语义功能，《方言》第 1 期。

朱德熙（1984），定语和状语的区分与体词和谓词的对立，《语言学论丛》第 13 辑。

朱德熙（1985a），《语法答问》，北京：商务印书馆。

朱德熙（1985b），关于向心结构的定义，载《语法研究和探索》（三），北京：北京大学出版社。

朱德熙（1985c），现代书面汉语里的虚化动词和名动词，《北京大学学报》（哲学社会科学版）第 5 期。

朱德熙（1987），句子和主语——印欧语影响现代书面汉语和汉语句法分析的一个实例，《世界汉语教学》创刊号。

朱德熙（1988），关于先秦汉语里名词的动词性问题，《中国语文》第 2 期。

朱德熙（1990a），关于先秦汉语名词和动词的区分的一则札记——为《王力先生纪念论文集》作，《王力先生纪念论文集》，北京：商务印书馆。

朱德熙（1990b），《现代书面汉语里的虚化动词和名动词》，载《语法丛稿》，上海：上海教育出版社。

朱德熙（1990c），关于向心结构的定义，《中国语文》第 6 期。

朱德熙（2010），《语法分析讲稿》，北京：商务印书馆。

朱德熙、卢甲文、马真（1961），关于动词形容词"名物化"的问题，《北京大学学报》第 4 期。

Abney，S（1987），*The Noun Phrase in its Sentential Aspect*. Ph. D. Dissertation. MIT

Broschart，J（1997），Why Tongan does it differently：Categorial distinctions in a language without nouns and verbs. *Linguistic Typology* 1.

Chao，Yuen Ren（1959），How Chinese logic operates.

Anthropological Linguistics 1.

Croft, W (2002), *Typology and Universals*. 2nd edition. Cambridge：Cambridge University Press。

Greenberg J (1963), Some universal of grammar with particular reference to the order of meaningful elements. In Greenberg, J. ed., Universals of Grammar. 2nd edition. Cambridge MA：The MIT Press.

Kaufman, Daniel (2009), Austronesian Nominalism and its consequences：A Tagalog case study. *Theoretical Linguistics* 35/1.

Langacker, R (1987), Nouns and verbs, *Language* (63).

Larson, R. K (2009), Chinese as a reverse ezafe langrage. 《语言学论丛》第 39 辑。

Lyons, J (1977), *Semantics. Vol.* 2. Cambridge：Cambridge University Press.

Vogel P. M (2000), Grammaticalisation and part-of-speech systems. In Vogel & Comrie des.

Witkowski, S. & C. Brown (1983), Marking reversal and cultural importance. *Language* 59.

Yang, J., L. H. Tan, P. Li (2011), Lexical representation of nouns and verbs in the late bilingual brain. *Journal of Neurolinguistics* 24/6.

Yue, Anne O (余霭芹) (1988), Zhi 之 in Pre-Qin Chines. T'oung Pao 84, 1998, (4-5).